Christina Buchwald | Bettina Wiener

Employee Branding als neue Personalstrategie

Familienfreundlichkeit als strategischer Vorteil

 Nomos

Die Deutsche Nationalbibliothek verzeichnet diese Publikation in
der Deutschen Nationalbibliografie; detaillierte bibliografische
Daten sind im Internet über http://dnb.d-nb.de abrufbar.

ISBN 978-3-8329-7497-8

1. Auflage 2012
© Nomos Verlagsgesellschaft, Baden-Baden 2012. Printed in Germany. Alle Rechte, auch
die des Nachdrucks von Auszügen, der fotomechanischen Wiedergabe und der Über-
setzung, vorbehalten. Gedruckt auf alterungsbeständigem Papier.

Inhaltsverzeichnis

Abbildungsverzeichnis

1 Einleitung

Was interessiert die junge Elite, wenn sie nach ihrer Ausbildung in das Berufsleben eintritt? Sind es berufliche Entwicklungsmöglichkeiten, die aber auch im Einvernehmen mit der Familienplanung stehen sollen? Oder wollen sie nur raus – weit weg und viel Neues erleben?

Der Verband angestellter Akademiker und leitender Angestellter der chemischen Industrie e. V. (VAA) beauftragte das Zentrum für Sozialforschung Halle e. V. (ZSH) mit der Vorbereitung, Durchführung und Auswertung einer Online-Befragung ihrer Jungakademiker[1]. Das Ziel der Befragung bestand darin, den Zugang der Chemiebetriebe zu Jungakademikern zu verbessern sowie Argumente für eine Erhöhung der Attraktivität der Unternehmen zusammenzutragen, um die Möglichkeiten der Bindung gut qualifizierter Jungakademiker an diese Unternehmen herauszustellen und zu fördern.

Die Chemiebranche hat sich wirtschaftlich gut entwickelt und ist geprägt von einem sehr hohen Qualifikationsgrad, einem bereits heute relativ hohen Anteil von Frauenbeschäftigung und einer betrieblichen Struktur mit vielen kleinen und mittelständischen Unternehmen. Aufgrund zu erwartender demografischer Entwicklungen werden die Unternehmen mit neuen personalstrategischen Anforderungen konfrontiert. Bisher konnten sie bei der Fachkräftesuche (vor allem in den neuen Bundesländern) aus dem Vollen schöpfen und auf einen bestens ausgestatteten Arbeitsmarkt mit vielen gut qualifizierten und motivierten Fachkräften zurückgreifen. Neuerdings müssen sie verstärkt um die Besten werben und sich gegenüber Konkurrenten durch positive Ausstrahlung hervorheben.

Zwei demografische Aspekte sind für die Entwicklung eines abnehmenden Erwerbspersonenpotentials in den Unternehmen besonders verantwortlich:

---

1 Die Autorinnen verwenden wegen der besseren Lesbarkeit nur eine Geschlechterform. Aus diesem Grund wird in der Studie von Mitarbeitern gesprochen, auch wenn Mitarbeiterinnen gemeint sind.

- auf der einen Seite ein hohes Durchschnittsalter in den Betrieben und daraus folgend zunehmende Renteneintritte,
- sowie auf der anderen Seite weniger Schulabgänger und damit weniger potentielle Nachwuchskräfte.

Insbesondere das letzte Argument hat die Landesgruppe Mitte/Ost des Verbandes angestellter Akademiker und leitender Angestellter der chemischen Industrie (VAA) dazu bewegt, eine Studie zur Führungskräftebindung von Jungakademikern in der Chemie an das Zentrum für Sozialforschung Halle e. V. (ZSH) in Auftrag zu geben.

Die Wirtschaftsstruktur wird in Deutschland von allen Unternehmensgrößen geprägt. In der Chemieindustrie sind 40 Prozent der Beschäftigten in kleinen und mittelständischen Unternehmen beschäftigt und 60 Prozent in Unternehmen mit 250 und mehr Mitarbeitern angestellt (vgl. Wiener 2008). In der Studie wird herausgearbeitet, welche Wege und Möglichkeiten vor allem große Unternehmen bereits bei der Fachkräftegewinnung und -bindung erwägen und wie es kleinen und mittelständischen Unternehmen ebenfalls gelingen kann, die junge Elite für sich zu interessieren.

2 Das Wichtigste in Kürze

Das Ergebnis der vorliegenden Untersuchung verdeutlicht, dass das wirtschaftliche Wachstum der Chemieindustrie in Zukunft nur zu halten ist, wenn von den Unternehmen, aber auch von den Kommunen und Verbänden, zwei wichtige Entwicklungslinien zur Fachkräftesicherung verfolgt werden: 1) Standortmarketing und 2) geplantes betriebliches Handeln zum Beschäftigungs- und Qualifikationserhalt.

1) Zum einen geht es darum, Standortvorteile zu erkennen, zu bewahren, auszubauen und richtig zu vermarkten.
2) Zum anderen muss betriebliches Handeln auf die Herausforderung struktureller Differenzen zwischen Angebot und Nachfrage industrieller Fach- und Führungskräfte ausgerichtet und entsprechend geplant werden.

Die zugrunde liegende Befragung erfasst, wie die angehenden und jungen Akademiker nach ihrem zukünftigen Arbeitgeber Ausschau halten, was ihnen beim Erwerbseintritt als wichtig erscheint und worauf sie bei der Arbeitsplatzwahl besonderen Wert legen.

2.1 Auf der Suche nach dem Unternehmen

Arbeitsuchende zum Berufseinstieg schauen auf unterschiedliche Kriterien, wenn sie ihr zukünftiges Unternehmen auswählen. Der Standort kann dabei eine ebenso wichtige Rolle spielen wie die Außenwirkung des Unternehmens.

Standortfaktoren

Im Blick von Bewerbern sind zumeist moderne, dynamische Chemiestandorte mit gut ausgebauter Infrastruktur und in guter Lage.

Zu den Standortvorteilen, die von den Studenten und Absolventen benannt wurden, gehören vor allem die Wohnsituation und Verkehrsanbindung, dicht gefolgt von Freizeitangeboten, Kinderbetreuung und medizinischer Versorgung. Aber auch der Heimatbezug spielt eine wichtige Rolle. Nur die wirtschaftliche Situation und das Image der Region sind seltener im Fokus der jungen Menschen.

Zunehmend kommen also soziale und kulturelle Aspekte der Infrastruktur vor Ort in den Blick der Arbeitsuchenden. An dieser Stelle sollen stellvertretend dafür die Dichte an Kindereinrichtungen (vor allem auch für Kinder unter drei Jahren), finanzierbares Wohneigentum sowie das sportliche und kulturelle Angebot vor Ort und in der Nähe genannt werden.

Außenwirkung des Unternehmens

Für die Bewerber ist neben dem wirtschaftlichen Erfolg vor allem der Umgang mit den Mitarbeitern in den Unternehmen wichtig.

Für viele Unternehmen ist es zudem relativ neu, dass das soziale Umfeld für die Beschäftigten ebenso im Fokus ihrer Arbeitsplatzsuche steht, wie die monetären Konditionen zum Arbeitsvertrag und die Bedingungen am Arbeitsplatz. Lebensphasenorientierte Personalpolitik (vgl. Rump 2011) wird zu einem inhaltlichen Schwerpunkt und bezieht ein ausgewogenes Verhältnis von Beruflichem und Privatem für die Beschäftigten ein. Planvolles Handeln in dieser Hinsicht entscheidet darüber, ob die Unternehmen den Vorstellungen und Wünschen der Nachwuchskräfte entsprechen.

Durch die Suche nach zusätzlichem Fachkräftepotential wird die sogenannte „Stille Reserve" wieder verstärkt mobilisiert. Damit kommen unter anderem auch die Frauen wieder häufiger in den Blick der Unternehmen (vgl. Wiener 2011 a). Wenn die Frauen demnächst zusätzlich zu Familie, Haushalt und Ehrenamt verstärkt die Erwerbsrolle einnehmen, heißt das für die Unternehmen, dass sie mit neuen Mitarbeiteransprüchen rechnen müssen. Die derzeitige Entwicklung zeigt einen eindeutigen Trend dahin, dass Frauen stärker in die Arbeitswelt und Männer vermehrt in die Familienwelt eintreten wollen. Hier spielt das Thema der Vereinbarkeit von Arbeit und

Familie, das zunehmend in den Fokus der jungen Menschen gerät, eine besondere Rolle (vgl. Deutsche Shell Holding GmbH 2010).

In der Befragung des VAA wurden sehr eindeutige Antworten von den Nachwuchskräften auf die Vereinbarkeit von Erwerbsarbeit und Privatleben gegeben. Besonders wichtig sind ihnen berufliche Entwicklungsmöglichkeiten, die im Einvernehmen stehen müssen mit ihren privaten Interessen. Das betrifft als Ausgleich zu den hohen Erwartungen, die an ihre zukünftige Berufstätigkeit gestellt werden, vor allem Bereiche wie Familie und Freunde, aber auch Gesundheits- und Freizeitaspekte.

2.2 Hauptsächliche Aspekte des Berufseinstiegs

Nachfolgend wird anhand verschiedener Aspekte der Studie verdeutlicht, was in Zukunft für die Jungakademiker bei der Arbeitgeberwahl entscheidend sein wird:

Start und Entwicklung ins Unternehmen

Auch wenn von Anfang an Verantwortungsübernahme gewünscht ist, verstehen sich die Studenten und Absolventen beim Start ins Unternehmen als Neulinge und erhoffen sich Unterstützung durch Mentoring und feste Ansprechpartner. Sie möchten schrittweise eingearbeitet werden und sind dabei neugierig auf den Gesamtprozess des Unternehmens und das Kennenlernen der einzelnen Abteilungen. Die Absolventen geben an, dass eine anfängliche Betreuung weniger als erwünscht geschieht. Hingegen werden sie häufiger als gewollt von Anfang an eigenständig in ihren Aufgabenbereichen eingesetzt.

Konditionen des Arbeitsvertrages

Die Erwartungen an den Arbeitgeber und die Konditionen zum Arbeitsvertrag werden von den Studenten und Absolventen folgendermaßen artikuliert: Sie haben nach wie vor den Wunsch nach einem „Normalarbeitsverhältnis" (in Vollzeit und unbefristet), obwohl dieses im Vergleich zu anderen Beschäftigungsformen in der Realität deutlich an Gewicht verliert. Immer mehr Erwerbstätige arbeiten heute befristet, in Teilzeitarbeit, Minijobs oder in Zeitarbeit (vgl. Bundesagentur für Arbeit 2011). Sehr deutlich erkennbar sind die Erwartungen an Flexibilität und Selbstbestimmung in der Arbeit, beispielsweise der Wunsch nach eigenständiger Arbeitsorganisation. Ein angemessenes und leistungsorientiertes Einkommen wird erwartet, aber es spielt bei den befragten jungen Menschen in der Wichtigkeit eine nachrangige Rolle gegenüber den Themen der Vereinbarkeit von Erwerbsarbeit und Privatleben sowie beruflichen Entwicklungsmöglichkeiten. Besonders deutlich verändern sich die Wünsche bei den zusätzlichen vertraglichen Konditionen. Erwartungen an familiäre Unterstützung lösen hier eindeutig Statussymbole, wie beispielsweise Dienstwagen, ab.

Kriterien der Unternehmenswahl

Die wichtigsten Kriterien bei der Unternehmenswahl sind eine ausgeglichene Work-Life-Balance und die Zukunftsfähigkeit des Unternehmens. Andere Aspekte wie attraktiver Standort, Image, Größe oder Bekanntheitsgrad des Unternehmens rangieren in der Rangfolge weiter hinten.

Idealer Arbeitsplatz

Im Fokus der (angehenden) Jungakademiker zu einem idealen Arbeitsplatz stehen Arbeitsklima, die Vereinbarkeit von Erwerbsarbeit und Privatleben sowie die beruflichen Entwicklungsmöglichkeiten. Erst danach folgt beispielsweise die Arbeitsplatzsicherheit.

Lebensprioritäten

Die Jungakademiker benennen ihre Lebensprioritäten in folgender Reihenfolge: 1) Familie und Freunde, 2) Gesundheit, 3) Erfolg und Karriere, 4) Freizeit und Erholung, 5) Selbstverwirklichung. Danach folgen: 6) hoher Lebensstandard, 7) soziales Engagement, 8) Hobbys sowie 9) Genuss und

Konsum. Work-Life-Balance rückt bei den Jungakademikern auf Platz 1! Es werden in den Unternehmen Bedingungen erwartet, die eine Balance zwischen beiden Lebenswelten zulassen und ermöglichen.

2.3 Maßnahmen der Unternehmen zur sichtbaren Attraktivitätserhöhung für Nachwuchskräfte

Es ist wichtig, dass sich die in den Unternehmen eingeführten Maßnahmen zur Work-Life-Balance an den Lebensphasen und Problemlagen der Mitarbeiter orientieren und dass die Angebote dann auch von den Mitarbeitern gelebt werden können. Damit können Unternehmen interessant für Nachwuchskräfte werden und Mitarbeiter an sich binden.

Rump, Eilers & Wilms (2011) schreiben dazu: „Gelingt es einem Unternehmen, seinen Mitarbeitern die Balance zu erleichtern, so sind damit vielfältige Chancen und Potenziale verbunden – sowohl für das Unternehmen als auch für jeden Einzelnen. Obendrein fordert insbesondere die jüngere Generation mittlerweile die Möglichkeit des Vereinbarens beider Lebenswelten auch ein, wenn sie sich für einen Arbeitgeber entscheiden."

Einige der nachfolgend genannten Maßnahmen orientieren auf die spezielle Sichtweise der Berufseinsteiger, andere Maßnahmen gelten generell als Weg zur Attraktivitätserhöhung und sind nicht nur für junge Mitarbeiter im Unternehmen wichtig.

2.3.1 Vereinbarkeit von Erwerbsarbeit und Privatleben

Die Beschäftigtenstruktur ändert sich derzeit durch zunehmend mehr ältere Mitarbeiter, einen wachsenden Anteil an Frauen, immer mehr Alleinerziehende und die berufliche Beschäftigung beider Partner. Das erfordert vielfältige Maßnahmen zur Unterstützung der Work-Life-Balance. In der Onlinebefragung war das Thema der Vereinbarkeit von Erwerbsarbeit und Privatleben bei den Jungakademikern immer mit ganz vorn platziert. Dabei wurden familiäre Belange ebenso angesprochen, wie beispielsweise Freizeitaktivitäten in Vereinen und bei Hobbys. Zurzeit fehlen ausreichend flexible Arbeitszeit- und Betreuungsmodelle (beim Thema Kinderbetreuung ebenso wie bei der Pflegeverantwortung). Viele Unternehmer wissen nicht einmal, wie viel Mehrfachbelastung ihre Mitarbeiter zu meistern haben. Folgende unterstützende Schritte werden in Zukunft wichtiger:

– Die Versorgungsstruktur der **Kindereinrichtungen**, vor allem für die unter 3-Jährigen, ist unzureichend und muss mindestens an die gesetzlich geforderten Standards angepasst werden. Entsprechende Rahmenbedingungen können Politik und Wirtschaft bieten.
– **Randzeitenbetreuung für Kinder** wird gebraucht, um junge Beschäftigte für Schichtunternehmen zu gewinnen und für sie dann die Belastungen bei der Vereinbarkeit von Familie und Beruf zu senken. In der Chemieindustrie ist die Absicherung vollkontinuierlicher Schichtsysteme ein sehr wichtiges Thema, in das sich Unternehmen einbringen können.
– Fehlende **Angebote in den Ferienzeiten** (vor allem für Kinder im Vorschulalter aufgrund von Betriebsferien der Betreuungseinrichtungen) erschweren die berufliche Situation gerade in der Sommerzeit. Dieses Thema wird noch häufig unterschätzt, aber die Urlaubstage von Eltern reichen bei weitem nicht aus, um alle Ferientage der Kinder abzudecken.
– **Enttabuisierung** des Themas Pflege ist in den Betrieben Grundvoraussetzung für unterstützende Maßnahmen in diesem Bereich.
– Bedarf an **Pflegeunterstützung** gibt es in allen Altersgruppen. Nicht nur die Kinder-, sondern auch die Enkelgeneration pflegt. Daraus ergibt sich häufig eine Doppelverantwortung für die eigenen Kinder und die zu pflegenden Angehörigen.

2.3.2 Work-Life-Balance für Frauen und Männer

Frauen kommen verstärkt in die Beschäftigung - auch in Vollzeittätigkeiten - und können familiäre Belange nicht mehr alleine absichern. Männer sehen sich hingegen immer häufiger auch in der Familienrolle, nutzen Elternzeit, übernehmen Zeit und Verantwortung in der Erziehung oder bei der Pflege, auch wenn traditionelle Denkmuster diesbezüglich noch lange nicht verschwunden sind.

Das bedeutet für die Unternehmen, die Vereinbarkeit von Arbeits- und Privatleben für alle betroffenen Mitarbeiter im Blick zu haben und vor allem folgende Aspekte zu unterstützen:

- **Karriereentwicklung von Frauen** befördern.
- **Männer** bei dem Wunsch nach **Elternzeit und kürzerer Arbeitszeit** unterstützen (drei Viertel der Männer und die Hälfte der Frauen mit Kindern wollen weniger arbeiten (vgl. Klenner & Pfahl2008)).
- Das bedeutet außerdem, **Alternativen zum Vollzeitmodell** (im Schnitt 40 Stunden in der Woche) für bestimmte Lebensphasen zu entwickeln.

2.3.3 Frühzeitige Gewinnung und Bindung von Jungakademikern

Die Studenten sind noch nicht ausschließlich auf große und bekannte Unternehmen in ihrer späteren Arbeitswelt fokussiert. In der Onlinebefragung gab nur etwas mehr als ein Viertel der Befragten an, lieber in einem größeren Unternehmen arbeiten zu wollen. Mehr als der Hälfte ist die Unternehmensgröße egal, wo der Berufsstart stattfindet. Frühzeitiger Kontakt kann also eine erfolgreiche Strategie auch für kleine und mittlere Unternehmen sein (vgl. Lukanow-Arndt, Wiener & Hosang 2012):

- Die junge Elite kann beispielsweise schon zu Studienbeginn durch das **duale Studium**, das zunehmend in den Blick kommt, zeitig an die Unternehmen gebunden werden.
- Es können **Unternehmensstipendien** für Studenten ausgelobt und darüber der Kontakt während des Studiums gehalten werden. Den Studenten werden erste Einblicke in das Unternehmen ermöglicht.
- Den Studenten sollten zeitig Arbeitserfahrungen im Unternehmen durch **Praktikum und Betreuung von Abschlussarbeiten** angeboten werden. Bei guten Unternehmensbedingungen schafft das Klebeeffekte.
- Die befragten Studenten und Absolventen möchten in der Mehrheit an dem Standort arbeiten, an dem sie entweder die meiste Zeit gelebt haben oder an dem sie studieren. Somit kann durch **Kontakte des Unternehmens zu den Hochschulen in der Region** frühzeitig bei den Studenten das Interesse für die eigene Firma geweckt werden.

– In kleinen Unternehmen werden Absolventen häufiger und schneller in breitgefächerten Aufgabenfeldern eingesetzt. Das möchten die jungen Menschen auch und darum sollten die KMUs dies als einen Vorteil ihrerseits nach außen kommunizieren. Konkrete Angebote der verantwortungsvollen Zusammenarbeit schon während des Studiums lassen sich über **Studentenbörsen** und ähnliche Medien ohne großen Aufwand gut darstellen.

2.3.4 Arbeitsbedingungen und Arbeitsklima

Grundvoraussetzung zur Fachkräftegewinnung sind arbeitsvertragliche Konditionen, die längerfristige Lebensplanungen ermöglichen. Bei der zukünftigen Beschäftigung wünschen sich die jungen Menschen zudem vor allem Arbeitszeit- und Arbeitsplatzsouveränität. Sie möchten von Anbeginn im Unternehmen vielfältig und verantwortungsvoll einbezogen werden. Ein gutes Arbeitsklima und Teamwork sind für die Jungakademiker sehr wichtig. Sie schauen zudem vor allem auf familiengeführte Unternehmen. Das bedeutet:

– Unterstützung bei der Planbarkeit des eigenen Lebens lässt sich über ein **unbefristetes Arbeitsverhältnis und angemessene Entlohnung** signalisieren. Das erhöht die Chance der Unternehmen, die jungen Mitarbeiter auch längerfristig an sich zu binden.
– Das gewünschte Arbeitsvolumen kann je nach Lebensphase mehr oder weniger umfangreich sein. Unternehmen können mit mehr **Flexibilisierung des Arbeitseinsatzes** eine höhere Zufriedenheit bei ihren Mitarbeitern erreichen.
– Die jungen Menschen möchten in einem breitgefächerten Tätigkeitsfeld eingesetzt werden. Verantwortungsübernahme wird von ihnen gewünscht, diese sollte aber **gut gecoacht** werden.
– Gerade kleinere Unternehmen werden mit einem eher **familiären Arbeitsklima** und mit einem individuellen Umgang der Mitarbeiter untereinander verbunden. Wird das von den KMU nach außen getragen, haben sie gute Chancen, bei der Unternehmenswahl mehr berücksichtigt zu werden.

2.3.5 Qualifizierung der Belegschaften

Qualifikation wird in allen Arbeitsbereichen zunehmend wichtiger. „Lebenslanges Lernen" und „sich immer wieder neu orientieren" sind Schlagworte, die den jungen Menschen vertraut sind. Berufliche Entwicklungsmöglichkeiten haben auch in dieser Befragung bei den jungen Menschen einen hohen Stellenwert.

- Frühzeitige Bindung kann durch **kompetente fachliche Betreuung** bereits während des Studiums erreicht werden (siehe oben).
- **Intergenerationelles Lernen** als Erfahrungsaustausch zwischen Jung und Alt ermöglicht es, die generationsspezifischen Fähigkeiten beider Seiten zu nutzen. Somit kann negativen Stereotypen gegenüber dem Älterwerden entgegengewirkt werden, indem die soziale Kompetenz der Älteren eingebracht und die Offenheit jüngerer Menschen genutzt wird.
- Der häufig **breitgefächerte Einsatz** in den kleineren Unternehmen ermöglicht den Aufbau vielfältiger Kompetenzen. Damit haben kleinere Unternehmen, die eher Allrounder als Spezialisten einsetzen, ebenfalls einen nicht zu unterschätzenden Vorteil bei der Nachwuchskräftewerbung.

2.3.6 Gesundheitsvorsorge

Viele Mitarbeiter sitzen zu viel am Arbeitsplatz, andere sind permanent monotonen Bewegungen oder starken körperlichen Belastungen ausgesetzt. Schichtarbeit bringt den Biorhythmus durcheinander. All das ist wenig zuträglich für die Gesunderhaltung der Beschäftigten in den Unternehmen. An dem Thema der Gesundheitsvorsorge kommt kein Unternehmer vorbei. Die jungen Menschen aus der Befragung setzen bei ihren Lebensprioritäten die Gesundheit auf Platz 2. Auch kleine Unternehmen können ihre Mitarbeiter in dieser Einstellung unterstützen.

- Das Rentenalter wird derzeit sukzessive hochgesetzt. Die Menschen sollen zukünftig wieder länger arbeiten. Dazu müssen sie dann aber auch in der Lage sein. **Gesundheitsprävention** spielt hierbei eine große Rolle.

- **Sportangebote** kommen bei jungen Menschen häufig gut an. Unternehmen, die keine Sportvereine sponsern, können aber durch Informationen zu Möglichkeiten in der Region die Mitarbeiter zum Sport anhalten.
- Ein Ausgleich zur körperlichen Belastung am Arbeitsplatz kann durch **Pausengymnastik oder physiotherapeutische Betreuung** erreicht werden.
- Durch die hohe Belastung im Privaten wie im Beruf erkranken immer mehr Menschen, vor allem psychisch. Psychische Erkrankungen dauern dann im Durchschnitt deutlich länger als andere. **Rechtzeitiges Erkennen von Überlastung** ist die beste Prophylaxe, um massive Arbeitsausfälle zu vermeiden.

3 Ausführliche Ergebnisse der Online-Befragung

In Zusammenarbeit mit dem VAA wurden elf Themenkomplexe in die Online-Befragung einbezogen:

- Der ideale Arbeitsplatz: Was ist bei der Arbeitsplatzsuche wichtig? (Abschnitt 3.1)
- Start und Entwicklung im Unternehmen (Abschnitt 3.2)
- Konditionen des Arbeitsvertrages (Abschnitt 3.3)
- Fahrzeit/Fahrweg (Abschnitt 3.4)
- Arbeitsplatz/Arbeitsausstattung (Abschnitt 3.5)
- Standortfaktoren (Abschnitt 3.6)
- Lebensprioritäten neben der Arbeit (Abschnitt 3.7)
- Unternehmenswahl (Abschnitt 3.8)
- Suche nach einem Arbeitsplatz (Abschnitt 3.9)
- Woher kommen und wohin gehen die jungen Menschen? (Abschnitt 3.10)
- Abschließende Einschätzung zum Arbeits- und Privatleben (Abschnitt 3.11)

Die Beteiligung an der Onlinebefragung war mit mehr als einem Viertel der Studenten und mehr als einem Drittel der Absolventen sehr gut und zeigt, dass das Thema bei den jungen Menschen auf Interesse stößt. Ihre hohe Beteiligung sichert repräsentative Ergebnisse für die Befragungsgruppe.

An der Befragung haben sich mehr Männer als Frauen beteiligt. Die Verteilung nach Geschlecht entspricht in etwa dem Geschlechteranteil der Absolventen und deckt sich sehr gut mit der Geschlechterverteilung der Studenten in den Fächern Chemie und Pharmazie.

Es ist bekannt, dass es in den alten Bundesländern deutlich mehr Studien- und Arbeitsgelegenheiten im Bereich der Chemie gibt. Von den Beteiligten an der Befragung studieren 79 Prozent und arbeiten 94 Prozent in Westdeutschland.

An dieser Stelle bedanken sich die Autorinnen noch einmal ganz herzlich bei allen Studenten und Absolventen des VAA, die an der Befragung teilgenommen und somit zu dem Erfolg der Studie beigetragen haben.

Im Folgenden werden die Antworten der Studenten und Absolventen dargestellt, wichtige Ergebnisse hervorgehoben und sich unterscheidende Prioritäten der beiden Befragungsgruppen, die sich vor allem aus dem unterschiedlichen Erfahrungshintergrund ergeben, gegenübergestellt.

Zu den Themenkomplexen gab es jeweils mehrere Statements, die zustimmend oder ablehnend (z. B. von *sehr wichtig* bis *völlig unwichtig* oder von *ja, auf jeden Fall* bis *lege ich keinen Wert drauf*) eingeschätzt werden konnten. Zur besseren Darstellung werden in den nachfolgenden Abbildungen die verschiedenen Kriterien nur mit den Nennungen für *sehr wichtig* aufgeführt. Danach wurde in vielen Fällen noch einmal nach dem *wichtigsten* Merkmal gefragt. Zudem hatten die Befragten die Möglichkeit, offen und mit eigenem Wortlaut auf einige Fragen zu antworten.

3.1 Der ideale Arbeitsplatz

Die Studenten und Absolventen konnten angeben, wie sie sich den idealen Arbeitsplatz vorstellen bzw. was ihnen bei der Arbeitsplatzsuche wichtig ist. Es zeigt sich, dass Themen wie Arbeitsklima und Vereinbarkeit von Erwerbsarbeit und Privatleben bei den Jungakademikern weit vorne rangieren.

Es ergibt sich – gesondert ausgewiesen für Studenten und Absolventen – folgendes Bild (vgl. Abbildung 1): In der Rangfolge der Wichtigkeit unterscheiden sich die Antworten der Studenten und Absolventen nicht. An erster Stelle steht das „Arbeitsklima", was von etwa drei Viertel der befragten Studenten und Absolventen als *sehr wichtig* eingeschätzt wurde. Das zweitgenannte Kriterium mit der Einschätzung *sehr wichtig* ist die „Vereinbarkeit von Arbeits- und Privatleben", gefolgt von dem Wunsch nach „beruflichen Entwicklungsmöglichkeiten". Diese beiden Aspekte der Arbeitgeberwahl wurden von mehr als der Hälfte der Probanden als *sehr wichtig* beurteilt.

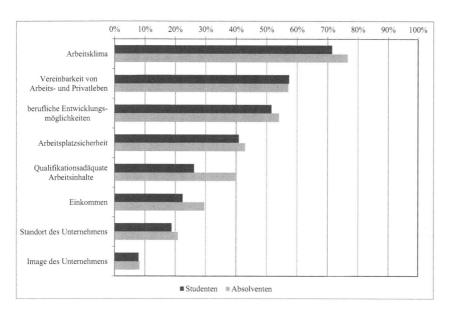

Abbildung 1: Was ist den Studenten und Absolventen bei der Arbeitsplatzsuche *sehr wichtig*?

In der *offenen Frage* zu weiteren Kriterien bei der Arbeitsplatzsuche unterstrichen die Studenten nochmals die Wichtigkeit von „beruflichen Entwicklungsmöglichkeiten" ganz allgemein und konkretisierten diese durch den Wunsch nach „Weiterbildungsmöglichkeiten" und „Auslandsaufenthalten". Bei der „Vereinbarkeit von Erwerbsarbeit und Privatem" werden vor allem „flexible Arbeitszeiten" und die „Absicherung der Kinderbetreuung" gewünscht. Einzelne Studenten nannten ein „vertrauensvolles Arbeitsverhältnis", einen „unbefristeten Vertrag" und ein „gutes Wohnungsangebot in der Nähe des Arbeitsplatzes" sowie eine „gute Verkehrsanbindung". Hierauf wird in den nachfolgenden Kapiteln noch ausführlich eingegangen.

Bei der Möglichkeit, weitere Kriterien – über die vorgegebenen hinaus – zu nennen, decken sich die Angaben der Absolventen nahezu mit denen der Studenten. Zusätzlich wird von vielen Absolventen der Wunsch nach „Nähe des Arbeitsplatzes zum Wohnort" als ein weiteres wichtiges Kriterium der Arbeitsplatzsuche angegeben.

In der Entscheidungsfrage zum *wichtigsten Kriterium* bei der Arbeitsplatzsuche wurden die drei Kriterien, die am häufigsten mit *sehr wichtig* eingeschätzt wurden, wiederum am meisten genannt. (Vgl. Abbildung 2)

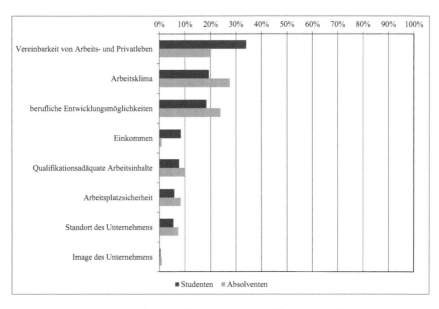

Abbildung 2: Was ist das *wichtigste* Entscheidungskriterium bei der Arbeitgeberwahl?

Hier unterscheiden sich allerdings die Antworten der Studenten von denen der Absolventen. Auf dem ersten Platz findet sich bei den Studenten (ca. ein Drittel) als *wichtigstes* Entscheidungskriterium die „Vereinbarkeit von Arbeits- und Privatleben", bei den Absolventen ist es das „Arbeitsklima", welches von weit über einem Viertel angegeben wird. Die „beruflichen Entwicklungsmöglichkeiten" nehmen bei den Absolventen den zweiten Platz mit knapp einem Viertel der Nennungen ein und ca. 20 Prozent sehen in der „Vereinbarkeit von Beruflichem und Privatem" das *wichtigste* Entscheidungskriterium bei der Arbeitgeberwahl. Bei den Studenten wird mit großem Abstand nach dem *wichtigsten* Entscheidungskriterium – der „Vereinbarkeit von Arbeits- und Privatleben" – das „Arbeitsklima" am zweithäufigsten genannt. Die „beruflichen Entwicklungsmöglichkeiten" sind das drittwichtigste Entscheidungskriterium bei der Arbeitsplatzsuche (beide etwas unter 20 Prozent der Nennungen).

Werden die Antworten auf diese Entscheidungsfrage geschlechtsspezifisch betrachtet, so zeigen sich bei den Studenten und Absolventen Unterschiede: es entscheiden sich mehr Männer für die „beruflichen Entwicklungsmöglichkeiten" und mehr Frauen für die „Vereinbarkeit von Beruflichem und Privatem" als das *wichtigste* Entscheidungskriterium.

Hier finden sich Verweise auf traditionelle Denkmuster, die aber bei weitem nicht mehr so ausgeprägt sind. Das begründet sich darin, dass an der Studie mehr Männer als Frauen beteiligt waren und diese zu großen Teilen ebenfalls den Wunsch nach der Balance zwischen Arbeit und Privatem äußerten. Dieses Ergebnis ist ein erster sehr eindeutiger Verweis auf die Erwartungen junger Fachkräfte an ihr Arbeits- und Berufsleben mit einer deutlichen Präferenz nicht nur für berufliche Entwicklungsmöglichkeiten sondern auch für Vereinbarkeitsthemen. Diese Entwicklung wird dadurch unterstützt, dass beide – Männer wie Frauen – zunehmend eine Arbeits- wie auch eine Familienrolle einnehmen wollen.

3.2 Start und Entwicklung im Unternehmen

Der Start im Unternehmen ist für jeden jungen Menschen sehr bedeutend und entscheidet darüber, ob die Nachwuchskräfte eine Identifikation mit dem Unternehmen aufbauen, längerfristig dabei bleiben wollen und planen, fester Bestandteil des Unternehmens zu werden. Bereits hier fängt die Mitarbeiterbindung an.

3.2.1 Praktikum vor der Festanstellung

Seit 2005 wird in Deutschland von der „Generation Praktikum"[2] gesprochen. Dahinter steht eine Zunahme von Praktikumseinsätzen der Hochschulabsolventen in der Wirtschaft, die aber häufig unbezahlt oder zu sehr schlechten Konditionen stattfanden und sehr selten – anders als von den

---

2 Die Begriffsschöpfung von Matthias Scholz stand erstmals am 31.03. 2005 in der Wochenzeitschrift „Die Zeit".

Bewerbern erhofft – in Beschäftigung führten. In der Industrie geschah dies seltener als in anderen Wirtschaftsbereichen, aber auch hier kam dieser billige Arbeitskräfteeinsatz zunehmend vor. (Vgl. Grün & Hecht 2007)

Dabei ist das Praktikum, wenn es während der Studienzeit von den Unternehmen eingesetzt wird, eine gute Möglichkeit für Unternehmen, rechtzeitig auf sich aufmerksam zu machen und für sich zu werben.

Knapp 60 Prozent der befragten Studenten würden vor ihrer Festanstellung ein Praktikum annehmen, wenn ein Unternehmen mit diesem Angebot an sie herantreten würde. Signifikante Unterschiede zeigen sich bei dieser Frage ebenfalls nach Geschlecht: Während zwei Drittel der weiblichen Studenten ein Praktikum vor der Festanstellung annehmen würden, so sind es bei den männlichen Studenten etwas über die Hälfte, die ihre Bereitschaft dazu signalisierten.

Doch in der Realität sieht es leider anders aus. Lediglich neun Prozent der Absolventen berichteten über ein Praktikum vor ihrer Festanstellung in einem Unternehmen. Das Praktikum könnte von den Unternehmen in Zukunft deutlich häufiger zur Mitarbeitergewinnung und -bindung genutzt werden, wenn es wieder in seiner ursprünglichen Bedeutung umgesetzt wird.

3.2.2 Art und Weise der Einarbeitung

Wenn Studenten bzw. Absolventen als Neulinge in das Unternehmen kommen, haben sie bestimmte Vorstellungen, wie sie eingearbeitet werden möchten. Auf diese Frage konnte wieder anhand einer *6er-Skala* geantwortet werden, wobei hierbei die *1 ja, auf jeden Fall* und die *6 lege ich keinen Wert darauf* bedeutete.

Die Mehrheit der befragten Studenten und auch der Absolventen (jeweils knapp zwei Drittel) möchte auf jeden Fall mittels „Mentoring bzw. durch einen festen Ansprechpartner" eingearbeitet werden. Eine „schrittweise Einarbeitung" wünschen sich 45 Prozent der Studenten und 40 Prozent der Absolventen *auf jeden Fall*. Ein Drittel der Studenten und knapp 30 Prozent der Absolventen möchte in der Einarbeitungsphase unbedingt „verschiedene Abteilungen kennenlernen". Während nur ca. 20 Prozent der Studenten als Neuling in einem Betrieb bei der Einarbeitung „von Beginn an eigenständig Aufgaben durchführen" möchte, trauen sich das bei den Absolventen, die bereits über einige Berufserfahrung verfügen, im Nachhinein 30 Prozent zu. (Vgl. Abbildung 3)

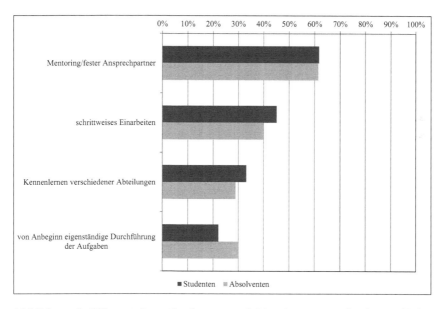

Abbildung 3: Wie möchten Studenten und Absolventen *auf jeden Fall* eingearbeitet werden?

Die Ergebnisse der hier vorliegenden Befragung lassen vermuten, dass Frauen geringeres Zutrauen in ihre eigenen Kompetenzen haben (was nichts mit ihren tatsächlichen Fähigkeiten im Vergleich zu ihren männlichen Kollegen zu tun hat). So wird die „schrittweise Einarbeitung" deutlich häufiger von den Studentinnen gewünscht. Dieses Ergebnis ist bei den Studenten hochsignifikant, bei den Absolventen lässt sich ebenfalls eine Tendenz dahin erkennen. Außerdem wurde deutlich, dass sich anteilig mehr Studentinnen und Absolventinnen das Einarbeiten mittels „Mentoring bzw. durch einen festen Ansprechpartner" wünschen. Dieses Ergebnis ist jedoch nicht signifikant. Zurückhaltung könnte bei Frauen ein Grund für ihre geringere Sichtbarkeit sein, welche gerade in der Chemie noch mehrteilig aus einer Männerbrille wahrgenommen werden. Mit der Zielstellung, die Frauenquote gerade im Führungskräftebereich zu erhöhen, muss diese Brille abgenommen werden. (Vgl. auch Mahler-Walter & Lukoschat 2011) Die Arbeitsprozesse und Arbeitsbedingungen werden sich verändern, da Frauen häufig anderes kommunizieren, verhandeln und führen (vgl. Rump & Eilers 2011).

Die Absolventen wurden nicht nur nach ihrem Wunsch für eine Einarbeitung als Neuling in einer Firma gefragt, sondern auch danach, wie es in der Realität bei ihnen aussieht. Hier zeigt sich, dass der Wunsch der Absolventen nach „Mentoring" und nach „schrittweisem Einarbeiten" – ähnlich wie beim Praktikum – größer ist, als es in der Realität passiert. Dies könnte an den dünnen Personaldecken liegen und mit der damit verbundenen Zeitknappheit der Mitarbeiter und Verantwortlichen der Unternehmen begründet sein. Dafür spricht auch folgendes Ergebnis der Befragung: Die Absolventen bekommen als Neuling in einem Unternehmen wesentlich mehr „Aufgaben, die von Beginn an eigenständig durchgeführt" werden müssen (50 Prozent), als sie es sich wünschen (23 Prozent). (Vgl. Abbildung 4)

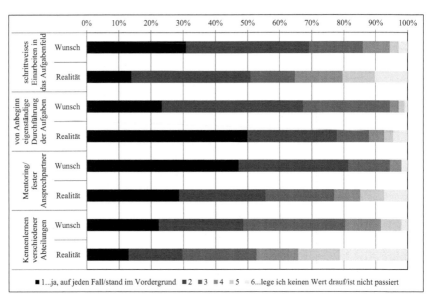

Abbildung 4: Wunsch und Realität des Einarbeitens von Absolventen als "Neuling"

Außerdem würden die Absolventen gern mehr „Abteilungen durchlaufen", als ihnen möglich ist. Dabei wäre das generell ein Weg, den Mitarbeitern ein besseres Grundverständnis für den Gesamtprozess des Unternehmens zu geben. In größeren Unternehmen lässt sich das Durchlaufen aller Abteilungen deutlich schwerer umsetzen, als in kleineren. In kleinen und mittelständischen Unternehmen sind die Mitarbeiter eher als Allrounder und seltener als Spezialisten eingesetzt und haben so häufiger die Chance, den Gesamtprozess kennenzulernen und zu verstehen.

3.2.3 Zukünftige Tätigkeit

In der Einschätzung zu Aspekten ihrer (zukünftigen) beruflichen Tätigkeit gibt es Unterschiede zwischen den Antworten der Studenten und der Absolventen.

Von beiden Befragungsgruppen wird die „eigene Arbeitsorganisation" am häufigsten mit *sehr wichtig* (Studenten 55 Prozent und Absolventen 60 Prozent) angegeben. Während für die Studenten bei ihrer zukünftigen Tätigkeit das „Arbeiten im Team" als zweitwichtigster Aspekt beurteilt wird (38 Prozent), ist es bei den Absolventen ein „breitgefächertes Tätigkeitsfeld" (45 Prozent). Bei den Studenten steht für das zukünftige Arbeiten der Wunsch nach einem „breitgefächerten Arbeitsfeld" an dritter Stelle (34 Prozent), die Absolventen nennen an dieser Stelle das „Arbeiten im Team" (36 Prozent). (Vgl. Abbildung 5)

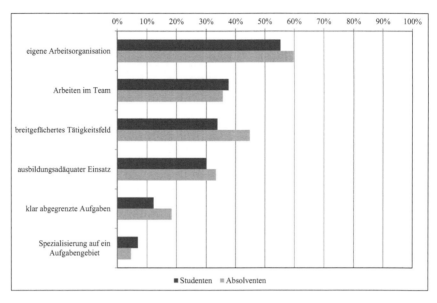

Abbildung 5: *Sehr wichtige* Aspekte der zukünftigen Tätigkeit

Einen signifikanten Unterschied zwischen weiblichen und männlichen Studenten gibt es bei dem Aspekt „klar abgegrenzte Aufgaben". Dies wünschen sich mehr Studentinnen als Studenten. Bei den Absolventen lässt sich dieser Trend ebenfalls erkennen. Außerdem wünschen sich etwas mehr Absolventinnen als Absolventen ein „breitgefächertes Tätigkeitsfeld".

Zusätzlich zu den benannten Aspekten der zukünftigen bzw. beruflichen Tätigkeit wurden von den jungen Menschen weitere Kriterien in einer *offenen Frage* genannt. Obwohl von den jungen Menschen (in Abschnitt 3.2.2) relativ selten gesagt wurde, dass sie „von Anbeginn eigenständige Aufgaben durchführen" möchten, zeigen doch viele Befragte ein Interesse an „eigenverantwortlichem Arbeiten". Das wurde in unterschiedlichen Formulierungen von den Studenten immer wieder als ein wichtiger Aspekt der zukünftigen Tätigkeit genannt. Mehrere Studenten betonten in der offenen Frage, dass ihnen eine „Einarbeitungsphase", „realistische Zielsetzungen" und „abwechslungsreiche Arbeitsinhalte" bei ihrer zukünftigen Tätigkeit ebenfalls besonders wichtig sind. Andere Studenten wünschen sich „Kollegialität im Umgang miteinander", „andauernde Motivation" sowie „Spaß an der Arbeit". Rump (2011) vom Institut für Beschäftigung und

Employability spricht auf ihrer Website von einem Wertewandel: „Gerade jüngere Menschen haben bspw. vielfach den Wunsch sowohl eine hohe Leistungsbereitschaft aufzuweisen, die aber mit Spaß, einer guten Perspektive und Sinnhaftigkeit zu vereinbaren ist."

Viele Absolventen nennen in der offenen Frage neben der „Kollegialität" und neben „abwechslungsreichen Arbeitsinhalten" auch die „Anerkennung der Leistung" als weiteren wichtigen Aspekt bei der beruflichen Tätigkeit. Betont werden ebenfalls von mehreren Absolventen neben dem „eigenverantwortlichen Handeln", die „Weiterbildung" und das „Verhältnis zum Vorgesetzten". Einzelne Befragte finden es wichtig, dass „Frauen – insbesondere mit Kindern – akzeptiert" werden und dass die Arbeitnehmer ein „faires Arbeitspensum" zu bewältigen haben.

In der Entscheidung der Befragten, welcher der aufgeführten Aspekte ihrer zukünftigen bzw. derzeitigen beruflichen Tätigkeit der *wichtigste* ist, zeigt sich folgendes Bild: Bei den Studenten bleibt mit etwa einem Drittel die „eigene Arbeitsorganisation" der *wichtigste* Aspekt ihrer zukünftigen Tätigkeit, während mit ca. einem Drittel der Absolventen das „breitgefächerte Tätigkeitsfeld" als *wichtigster* Aspekt ihrer beruflichen Tätigkeit auf Platz 1 rückt. Am zweithäufigsten wurde von den Studenten (27 Prozent) ein „breitgefächertes Tätigkeitsfeld" als *wichtigster* Aspekt der zukünftigen Arbeit genannt, bei den Absolventen mit 30 Prozent die „eigene Arbeitsorganisation". Das „Arbeiten im Team" war – sowohl bei den Studenten als auch bei den Absolventen – mit etwa 18 Prozent die dritthäufigste Nennung. Mit über zehn Prozent ist der „ausbildungsadäquate Einsatz" bei beiden Befragungsgruppen auf Platz 4. „Spezialisierungen auf ein Aufgabengebiet" und „klar abgegrenzte Aufgaben" spielen bei der Entscheidung für das *wichtigste* Kriterium eindeutig eine nachrangige Rolle. (Vgl. Abbildung 6)

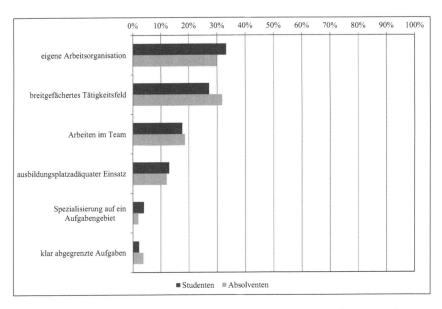

Abbildung 6: *Wichtigster* Aspekt der zukünftigen/beruflichen Tätigkeit

Was ist bei der späteren Entwicklung im Unternehmen für Studenten und Absolventen besonders wichtig? Nachfolgende Entwicklungskriterien sollten von den Probanden wieder auf einer 6er-Skala von *sehr wichtig* bis *völlig unwichtig* beurteilt werden. Interessant ist, dass die jungen Menschen den hohen Stellenwert der Weiterbildung für ihren weiteren beruflichen Werdegang bereits erkennen. Studenten und Absolventen nennen die „Weiterbildungsmöglichkeiten" gleichermaßen am häufigsten (72 bzw. 62 Prozent gaben sehr wichtig an). Während von den Studenten am zweithäufigsten (51 Prozent der Nennungen waren sehr wichtig) die „Aufstiegschancen" als *wichtig* für die Entwicklungsmöglichkeiten im Unternehmen eingeschätzt werden, gefolgt von „zunehmenden Entscheidungskompetenzen", ist es bei den befragten Absolventen – möglicherweise schon durch ihre betriebliche Erfahrung bedingt – umgekehrt. Sie nennen auf Platz 2 die „zunehmende Entscheidungskompetenz" (56 Prozent) und erst danach die „Aufstiegschancen" (51 Prozent). (Vgl. Abbildung 7)

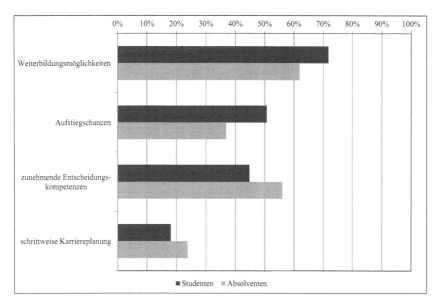

Abbildung 7: Aspekte der Entwicklung im Unternehmen, die als *sehr wichtig* eingestuft wurden

Ein hochsignifikanter Unterschied zwischen den Geschlechtern ist bei dem Aspekt „Weiterbildungsmöglichkeiten" zu verzeichnen. Sowohl bei der Gruppe der Studenten als auch bei der Gruppe der Absolventen geben wesentlich mehr Frauen als Männer an, dass das für sie *sehr wichtig* zur weiteren beruflichen Entwicklung ist. Im Datenreport (Bundesinstitut für Berufsbildung 2011, S. 289) wird bestätigt, dass die Weiterbildungsaktivitäten der Gruppe der 20- bis 29-jährigen Frauen ihre Altersgenossen um 25 Prozent übertreffen. Dieser zunehmende Trend ist in keiner anderen Altersgruppe ähnlich ausgeprägt.

3.3 Konditionen des Arbeitsvertrages

Im Arbeitsvertrag werden die Bedingungen für das Arbeitsverhältnis festgelegt. Arbeitsumfang und Einkommen sind dabei zentrale Punkte. Darüber hinaus gibt es die Möglichkeit im oder auch außerhalb des Vertrages monetäre und nichtmonetäre Zusatzleistungen festzulegen. Im Folgenden geht es darum, welche Konditionen sich die jungen Akademiker in ihrem Arbeitsvertrag wünschen.

3.3.1 Befristung, Arbeitsumfang und Arbeitszeit

Was sagen die Befragten zu Befristung und Arbeitsumfang? Was ist bei einem Blick auf die Arbeitszeit im zukünftigen Berufsleben für die Studenten und mit den ersten beruflichen Erfahrungen für die Absolventen besonders entscheidend? Die verschiedenen Aspekte zum Arbeitsvertrag wurden von den Probanden wieder auf der 6er-Wichtigkeitsskala abgefragt. Betrachtet man die Nennungen, die als *sehr wichtig* eingestuft wurden, so ergibt sich folgende Rangfolge:

Wird bereits von etwa zwei Dritteln der Studenten ein „unbefristetes Arbeitsverhältnis" als *sehr wichtig* eingestuft, so liegt der Anteil bei den Absolventen mit knapp 90 Prozent noch deutlich höher. Die „Vollzeitbeschäftigung" und „flexible Arbeitszeiten" rangieren mit der Bewertung *sehr wichtig* auf Platz 2 (mit knapp 60 Prozent) und Platz 3 (mit 45 Prozent) bei den befragten Studenten. Die Absolventen setzen diese beiden Aspekte mit jeweils 57 und 58 Prozent fast auf eine Stufe. Für die Absolventen nimmt die Bedeutung der flexiblen Beschäftigung deutlich zu und wird mindestens genauso wichtig wie ein Vollzeitarbeitsverhältnis. Für knapp ein Drittel ist es außerdem *wichtig*, die im Schichtbetrieb weit verbreitete und ebenso unbeliebte „Wochenendarbeit nicht leisten" zu müssen. (Vgl. Abbildung 8)

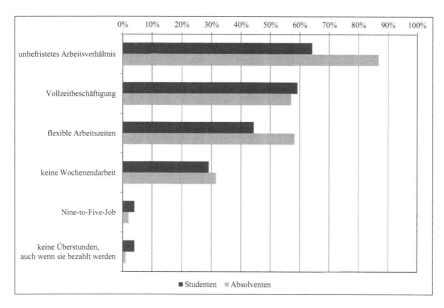

Abbildung 8: Aspekte der Arbeitszeit, die als *sehr wichtig* bewertet wurden

Einen signifikanten Unterschied gibt es bei der geschlechtsspezifischen Auswertung des Aspektes „flexible Arbeitszeiten". Diese bewerten deutlich mehr Studentinnen mit *sehr wichtig* als ihre männlichen Kommilitonen. Tendenziell kann man dies auch bei den weiblichen Absolventen sehen. Einen hochsignifikanten Unterschied zwischen den Geschlechtern bzgl. des Aspektes „keine Wochenendarbeit", die von Absolventinnen deutlich häufiger abgelehnt wird.. Hier sind die Unterschiede ebenfalls bei den Studenten erkennbar, aber lange nicht so deutlich. Einen weiteren signifikanten Unterschied gibt es bei dem Wunsch nach einer „Vollzeitbeschäftigung". Dies bewerten mehr Studentinnen mit *sehr wichtig* als Studenten. Bisher sind Frauen viel häufiger in Teilzeitbeschäftigung eingesetzt. Ihre Chancen in Vollzeit zu arbeiten, sind aus verschiedenen Gründen noch deutlich geringer und entsprechen viel seltener ihren Wünschen. Hier ändern sich derzeit die Erwartungen der Frauen an das Berufsleben massiv (siehe Wiener 2011 b).

Die Entscheidung für das *wichtigste* Kriterium bei dem Arbeitsvolumen und der Zeiteinteilung gleicht sich. Der *wichtigste* Aspekt mit 42 Prozent der Angaben von Studenten und 56 Prozent der Antworten von Absolventen ist das „unbefristete Arbeitsverhältnis". Auf dem zweiten Platz rangiert eine gewisse Flexibilität in der Arbeitszeitorganisation, die jetzt noch deutlich vor der „Vollzeitbeschäftigung" steht. Die Bereitschaft zu „Überstunden, wenn sie bezahlt werden", besteht bei den jungen Menschen. Unwesentlich für die Arbeitsvertragskonditionen sind bei beiden Befragungsgruppen „Nine-to-Five-Jobs". (Vgl. Abbildung 9)

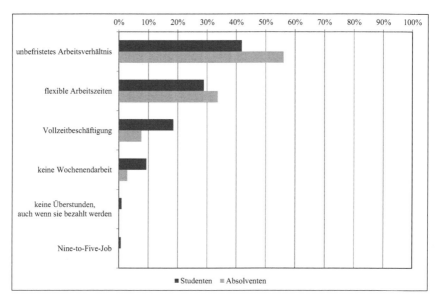

Abbildung 9: *Wichtigstes* Kriterium der Arbeitszeit

Bei der geschlechtsspezifischen Betrachtung der Antworten der Studenten zeigen sich signifikante Unterschiede bezüglich des Kriteriums „flexible Arbeitszeiten". Diese wünschen sich Frauen häufiger als Männer.

Beiden Befragungsgruppen scheinen eine kontinuierliche Arbeitstätigkeit und eine mögliche Bindung an das Unternehmen, als verlässliche und planbare Komponente in ihrem Arbeitsleben, sehr wichtig zu sein. Das sollte die Unternehmen veranlassen, ihrerseits dementsprechende Maßnahmen zu ergreifen und Signale einer langfristigen Beschäftigungsmöglichkeit zu geben.

3.3.2 Einkommen

Was ist den Jungakademikern bezüglich des Einkommens besonders wichtig? Wie aus Abbildung 10 ersichtlich wird, ist sowohl den Studenten als auch den Absolventen vor allem eine gerechte Entlohnung *wichtig*. Dabei rangiert der Wunsch nach „tariflicher Zahlung" vor der „Ost-West-Anpassung". Ein Viertel der Studenten und ein Drittel der Absolventen halten eine „tarifliche Bezahlung" für *sehr wichtig*. „Gleiches Gehalt in Ost und West" empfindet lediglich jeder fünfte Student und jeder siebente Absolvent für *sehr wichtig*.

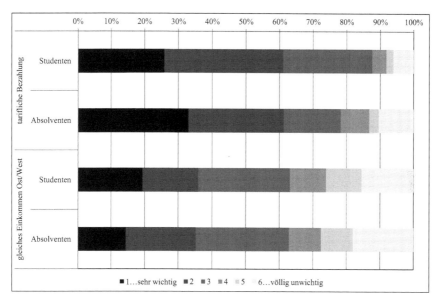

Abbildung 10: Was ist beim Einkommen *sehr wichtig*?

Da die meisten befragten Studenten (79 Prozent) und Absolventen (94 Prozent) aber in den alten Bundesländern studieren und arbeiten, verwundert diese Antwort nicht, weil für sie das Thema weniger relevant ist. Der Wunsch nach einem „gleichen Einkommen in Ost und West" wird anteilig von wesentlich mehr Studenten und Absolventen, die in den ostdeutschen Bundesländern studieren bzw. arbeiten, als *sehr wichtig* eingestuft.

Der Wunsch nach gerechten Einkommen ist bei den Frauen stärker ausgeprägt als bei den Männern. So halten signifikant mehr Absolventinnen
als Absolventen eine „tarifliche Bezahlung" für *sehr wichtig*. Ebenfalls sehen signifikant mehr Frauen als Männer aus der Gruppe der Studenten ein
„gleiches Einkommen in Ost und West" als *sehr wichtig* an.

3.3.3 Zusatzleistungen

Oft bieten Unternehmen ihren Mitarbeitern monetäre und nicht-monetäre
ergänzende Leistungen an, um sich von anderen Unternehmen abzuheben
und die geleistete Arbeit zusätzlich anzuerkennen. So gibt es beispielsweise
Aktienoptionen, Prämien, das 13. Gehalt, Dienstwagen, die betriebliche
Altersvorsorge, Unterstützung bei der Pflegeverantwortung oder Kinderversorgung sowie Essengeldzuschuss und Sportangebote. Auch für diese
Leistungen wurde vergleichend abgefragt, wie wichtig sie für die Studenten
und Absolventen sind.

Deutlich tritt hervor, dass eine „Unterstützung bei der Kinderversorgung" für die befragten jungen Akademiker auf Platz 1 gehört! Über die
Hälfte beider Gruppen findet diese Zusatzleistung *sehr wichtig*. Das Re-
sultat zeugt von einer Entwicklung, bei der Arbeit sowie Freizeit und Familie keine Gegensätze mehr darstellen, sondern zunehmend als verbun-
dene Bereiche wahrgenommen werden (Rump & Eilers 2011).

Ebenfalls weit über 50 Prozent aller Befragten schätzt eine „betriebliche
Altersvorsorge" als *sehr wichtig* ein, was bereits den Blick der Befragten
in die ferne Zukunft und die Unsicherheiten der Rentenentwicklung verrät
(vgl. auch Sehbrock 2011).

Während die Absolventen sowohl „leistungsbezogene Sonderzahlungen
bzw. eine Leistungsprämie" (46 Prozent), als auch „nicht leistungsbezogene
Sonderzahlungen bzw. ein 13. Gehalt" (32 Prozent) als *sehr wichtig* empfinden, spielt das aus Sicht der Studenten mit deutlich weniger Nennungen
(25 bzw. 20 Prozent) noch nicht eine solche Rolle.

Die anderen abgefragten Zusatzleistungen wie „Aktienoptionen", einen
„Dienstwagen", „Unterstützung bei der Pflegeverantwortung", „Essengeldzuschuss" oder „Sportangebote" wurden nur von wenigen Teilnehmern

der Befragung (weniger als 20 Prozent) als *sehr wichtig* eingestuft. (Vgl. Abbildung 11)

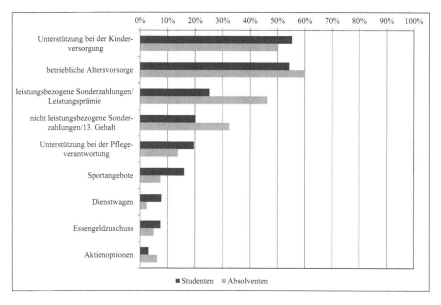

Abbildung 11: Zusatzleistungen, die für Studenten und Absolventen *sehr wichtig* sind

Zwei Merkmale weisen hochsignifikante Unterschiede im Antwortverhalten zwischen Männern und Frauen auf. So finden etwa doppelt so viele männliche Studenten und Absolventen als weibliche die „leistungsbezogenen Sonderzahlungen" *sehr wichtig*. Dafür schätzen etwa doppelt so viele Studentinnen und Absolventinnen als Männer die „Unterstützung bei der Kinderversorgung" mit *sehr wichtig* ein. Hier deckt sich das Bild zu den Einschätzungen bei der Arbeitsplatzsuche (vgl. Abschnitt 3.1), bei denen für die Frauen das Kriterium der „Vereinbarkeit von Arbeits- und Privatleben" und für die Männer die „beruflichen Entwicklungsmöglichkeiten" und das „Einkommen" eine etwas größere Rolle spielten.

Stimmen die *Wünsche* der befragten Absolventen mit dem Angebot an Zusatzleistungen in der *Realität* überein? Die Absolventen wurden gefragt, welche der genannten Zusatzleistungen sie in ihrem Unternehmen bereits erhalten. Diese Angaben wurden mit der Auswertung der drei Positivbewertungen der eben dargestellten Zusatzleistungen (*sehr wichtig, wichtig, eher wichtig in einer Kategorie zusammengefasst*) verglichen.

Dabei kristallisieren sich drei unterschiedliche Antwortgruppen heraus. Bei einer ersten Gruppe von Zusatzleistungen, die von sehr vielen als wichtig eingeschätzt werden, stimmen Wunsch und Realität relativ gut überein. Die „betriebliche Altersvorsorge" oder „leistungsbezogene Sonderzahlungen" werden zu zwei Dritteln bis zu drei Vierteln von den Unternehmen entsprechend der Wünsche realisiert. Bei den nichtleistungsbezogenen Sonderzahlungen (bspw. das „13. Gehalt") ist der Abstand bereits etwas höher. (Vgl. Abbildung 12)

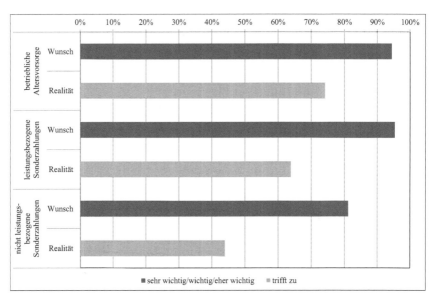

Abbildung 12: Wie wichtig sind folgende Zusatzleistungen? (Teil I)

Bei einer zweiten Gruppe sind die Wünsche weniger prioritär. Diese stimmen aber auch relativ gut mit der Realität überein. „Sportangebote" und „Essengeldzuschuss" – die seltener auf der Wunschliste der Befragten stehen – werden von den Unternehmen in etwa diesem Maße auch realisiert. „Aktienoptionen" werden seltener von den Unternehmen gewährt, als es von den Absolventen gewünscht wird. (Vgl. Abbildung 13)

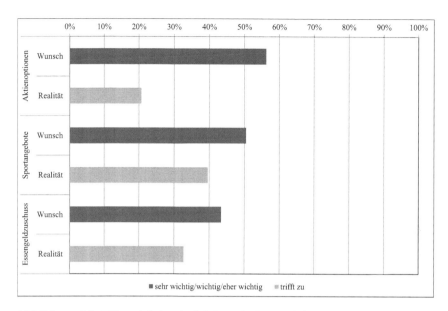

Abbildung 13: Wie wichtig sind folgende Zusatzleistungen? (Teil II)

Die meisten Widersprüche zwischen Wunsch und Realität gibt es in den nachfolgenden Zusatzleistungen, die in der dritten Gruppe aufgeführt sind. Dabei soll das Augenmerk vor allem auf die ersten beiden Themen gelegt werden, die eigentlich in der Wunschliste ganz vorn mit rangieren. Nur zu knapp einem Viertel kommt die von den Absolventen als *sehr wichtig* eingeschätzte „Unterstützung bei der Kinderversorgung" in der Realität vor. Bezüglich der „Unterstützung bei der Pflegeverantwortung" sieht es sogar noch schlechter aus: Hier erfolgt die Umsetzung des Wunsches nur zu 20 Prozent. Etwa ein Zehntel der Befragten, die einen „Dienstwagen" als *sehr wichtig* einschätzen, erhalten diesen auch. Allerdings wird der „Dienstwagen" – insgesamt betrachtet – von den wenigsten Befragten als *sehr wichtige* Zusatzleistung eingeschätzt. (Vgl. Abbildung 14)

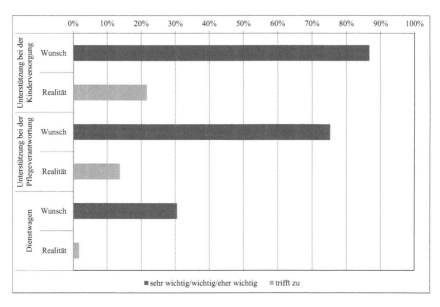

Abbildung 14: Wie wichtig sind folgende Zusatzleistungen (Teil III)

Bei den Ausführungen zu Wunsch und Realität von Zusatzleistungen wird eine große Diskrepanz in den Work-Life-Balance-Themen deutlich. Obwohl die jungen Menschen die Balance zwischen Arbeit und Privatem stark thematisieren, finden sich bisher nur wenige Angebote zur Unterstützung in den Unternehmen. Wenn aber die Vereinbarkeit von Familie und Beruf immer häufiger in den Blick der Jungakademiker rückt, wenn immer mehr Frauen in das Berufsleben eintreten oder zurückkehren, wenn damit Kinderbetreuung – auch in Randzeiten, vor allem aufgrund von Schichtarbeit – immer wichtiger wird (vgl. Böttcher & Csongár 2011) und wenn die Pflegeverantwortung in unserer Gesellschaft in seiner Bedeutung immer mehr zunimmt (vgl. Böttcher & Buchwald 2011), müssen Unternehmen helfen, die Unterstützungslücken zu schließen.

3.4 Fahrzeit/Fahrweg

Welche Wegstrecke zur Arbeit empfinden die einzelnen Befragten als zumutbar? Die Antworten der Studenten und Absolventen zu diesem Fragekomplex sind sehr ähnlich.

Dass Pendeln und lange Arbeitswege unzufrieden machen (vgl. Stutzer & Frey 2004), scheint sich bei den jungen Menschen rumgesprochen zu haben. Weit über drei Viertel der befragten jungen Akademiker finden es *sehr wichtig*, dass der „Fahrweg zur Arbeit nicht länger als eine Stunde pro Strecke" beträgt und dass sie nicht „wöchentlich pendeln" müssen. Mit diesen beiden Äußerungen gibt es einen deutlichen Verweis darauf, dass die jungen Menschen möglichst dahin ziehen wollen, wo es Arbeit gibt. Pendeln ist unerwünscht und wird seltener als längerfristige Option erwogen.

Das bedeutet aber nicht, dass sich die Befragten nicht auf Mobilität einstellen wollen. Die „Erreichbarkeit mit öffentlichen Verkehrsmitteln" haben nur etwa 30 Prozent der beiden Befragungsgruppen als *sehr wichtig* eingestuft. Eine „Erreichbarkeit der Arbeitsstelle zu Fuß" ist für den Großteil der Probanden nicht so wichtig. (Vgl. Abbildung 15)

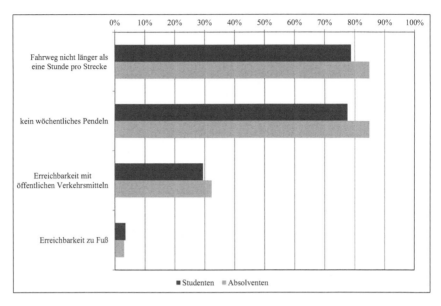

Abbildung 15: Aspekte der Erreichbarkeit des Arbeitsplatzes, die als *sehr wichtig* eingestuft wurden

Bei einer geschlechtsspezifischen Betrachtung lassen sich zwei Tendenzen erkennen: Zum einen sind es mehr Frauen als Männer – sowohl bei den Studenten als auch bei den Absolventen –, die eine „Erreichbarkeit mit öffentlichen Verkehrsmitteln" als sehr wichtig einschätzen und zum zweiten sind es ebenfalls mehr Frauen als Männer beider Befragungsgruppen, die „wöchentliches Pendeln" ablehnen. Da nach wie vor die größere Verantwortung in der Vereinbarkeit von Erwerbsarbeit und Familie bei den Frauen liegt, hält sie das nach Black u. a. (2011) von der Arbeitswelt fern und macht sie – wenn sie sich doch dafür entscheiden – nach Roberts u. a. (2009) gegenüber männlichen Pendlern unglücklicher.

3.5 Ausgestaltung des Arbeitsplatzes

Junge Menschen haben nicht nur eine bestimmte Vorstellung von der Ausgestaltung ihres Arbeitsplatzes, sondern auch von der Ausstattung mit Arbeitsmitteln. Befragt nach der Wichtigkeit verschiedener Aspekte des Arbeitsplatzes und der Arbeitsausstattung ergibt sich folgendes Bild:

Knapp drei Viertel der Befragten bewertet den „Gesundheits- und Arbeitsschutz" mit *sehr wichtig*. Etwa 70 Prozent beider Befragungsgruppen findet es *sehr wichtig*, mit „modernen Arbeitsmitteln (z. B. Software, Werkzeuge etc.)" zu arbeiten. Eine „Kantine oder Cafeteria" genauso wie einen „Parkplatz oder Fahrradraum" in der Firma geben etwas mehr als ein Drittel der Befragten als *sehr wichtig* an. Eine „zusätzliche sanitäre Ausstattung" und ein „Pausenraum" sind nur für wenige junge Akademiker der Chemiebranche ein vorrangiges Kriterium. (Vgl. Abbildung 16)

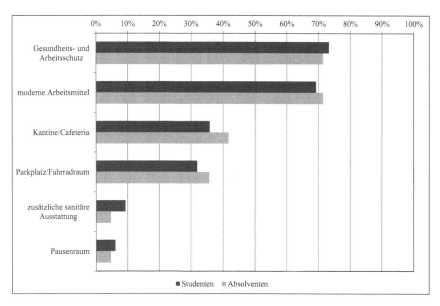

Abbildung 16: Welche Aspekte des Arbeitsplatzes bzw. der Arbeitsausstattung sind *sehr wichtig*?

Eine Vielzahl sowohl der befragten Studenten als auch der Absolventen äußerte zudem in der *offenen Abfrage* u. a., dass ihnen eine gute „Atmosphäre" in ansprechend eingerichteten Arbeitsräumen wichtig ist. Sie möchten nicht in einem „Großraumbüro" sitzen und legen Wert auf „ergonomisch ausgestattete Arbeitsplätze" sowie einen „Ruheraum". Eine „moderne und großzügige Ausstattung des Arbeitsplatzes" sowie „Ruhe am

Arbeitsplatz" zählen zu den meistgenannten Wünschen für gute Arbeitsbedingungen.

In der Entscheidung für den *wichtigsten* Aspekt der Arbeitsplatzausstat-
tung verändert sich die Reihenfolge. Sowohl für die Studenten (45 Prozent)
als auch für die Absolventen (52 Prozent) rückt die Ausstattung mit „modernen Arbeitsmitteln" an die erste Stelle vor. An die zweite Stelle tritt der
„Gesundheits- und Arbeitsschutz" (mit 38 bzw. 27 Prozent), gefolgt von
der „Kantine bzw. Cafeteria", aber mit wesentlich weniger Nennungen (elf
und 15 Prozent). (Vgl. Abbildung 17)

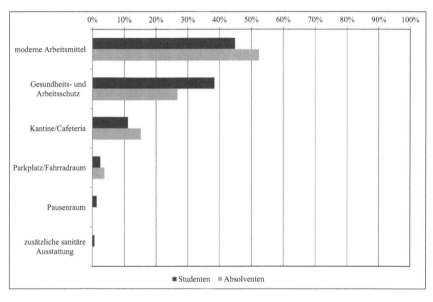

Abbildung 17: *Wichtigster* Aspekt bei der Arbeitsausstattung

Signifikante Unterschiede zwischen den Geschlechtern zeigen sich bei den
Studenten. So sind es deutlich mehr Männer, die „moderne Arbeitsmittel"
als den *wichtigsten* Aspekt bei der Arbeitsausstattung angeben, während
mehr Frauen den „Gesundheits- und Arbeitsschutz" als *wichtigsten* Aspekt
wählen.

3.6 Standortfaktoren

Die Infrastruktur und das Fachkräftepotential sind Faktoren für die Attraktivität von Standorten und beeinflussen maßgeblich die Entscheidung von Unternehmen bei ihrer Standortwahl (einschließlich der Entscheidung, einen Standort zu verlassen). Auch für Beschäftigte können Standortfaktoren eine wichtige Rolle spielen, wenn sie auf Arbeitsuche sind.

Auf welche Standortfaktoren legen die Studenten und Absolventen der Chemiebranche besonderen Wert? Weit über die Hälfte der Studenten und der Absolventen beurteilen die „Wohnsituation" und die „Verkehrsanbindung" als *sehr wichtig*. Dieses Ergebnis deckt sich mit der oben angeführten Aussage, dass mehr als drei Viertel der befragten jungen Akademiker es *sehr wichtig* finden, dass der „Fahrweg zur Arbeit nicht länger als eine Stunde pro Strecke" betragen sollte (vgl. Abschnitt 3.4). Knapp die Hälfte beider Befragungsgruppen schätzt die „Kinderbetreuung" als Standortfaktor mit *sehr wichtig* ein, was sich wiederum mit dem Ergebnis deckt, dass die „Vereinbarkeit von Arbeits- und Privatleben" als ein *sehr wichtiges* Entscheidungskriterium bei der Arbeitgeberwahl fungiert und eine „Unterstützung bei der Kinderversorgung (KITA)" als Zusatzleistung ebenfalls von vielen Befragten als *sehr wichtig* eingeschätzt wird (vgl. Abschnitt 3.3.3).

Von den Probanden, die noch während ihrer Studienzeit befragt wurden, nennt ein reichliches Drittel „Bildungseinrichtungen" als einen *sehr wichtigen* Standortfaktor. Von den Absolventen wird dies nur noch von knapp einem Viertel (22 Prozent) so beurteilt. Für die Absolventen sind „Kultur- und Freizeitangebote" sowie die „medizinische Versorgung" mit jeweils etwas über 30 Prozent deutlich wichtigere Standortfaktoren.

Die „wirtschaftliche Situation" (nicht einmal ein Viertel spricht hier von *sehr wichtig*) und das „Image der Region" (Studenten sechs Prozent/Absolventen elf Prozent) spielt für beide Befragungsgruppen in diesem Fall die geringste Rolle. (Vgl. Abbildung 18)

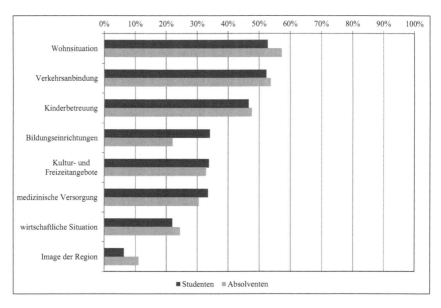

Abbildung 18: Als *sehr wichtig* eingeschätzte Standortfaktoren

Werden diese Einschätzungen der Standortfaktoren nach Geschlecht differenziert betrachtet, so zeigt sich, dass signifikant mehr Studentinnen als Studenten die „Verkehrsanbindung" mit *sehr wichtig* bewerteten, was sich ebenfalls (wenn auch nicht ganz so stark) bei den Absolventinnen zeigt und sich mit der Beantwortung der Frage zur „Erreichbarkeit mit öffentlichen Verkehrsmitteln" (vgl. Abschnitt 3.4) deckt. Die „Kinderbetreuung" und die „medizinische Versorgung" schätzen ebenfalls in der Tendenz mehr Absolventinnen mit *sehr wichtig* ein.

In einigen zusätzlichen Nennungen werden u. a. von den Studenten die bereits angegebenen „Sport- und Kultureinrichtungen" wie auch „Kinderbetreuungseinrichtungen" in ihrer Wichtigkeit unterstrichen. Weitere wichtige Standortfaktoren sind für Studenten und Absolventen die „Nähe zur Natur (Grünflächen)" und die „Nähe zur Familie". Für viele befragte Absolventen ist es zudem wichtig, in einer „Großstadt mit einer guten Infrastruktur" zu leben. Studenten, die meist in Universitätsstädten infrastrukturell noch gut angebunden sind, sagen dies seltener.

Bei der Entscheidungsfrage für den *wichtigsten* Standortfaktor wird die „Wohnsituation" von den meisten Jungakademikern genannt. Ein Drittel der Studenten und knapp ein Viertel der Absolventen gab diesen Standortfaktor an.

Ebenso viele Absolventen haben sich für die „Kultur- und Freizeitangebote" als *wichtigsten* Standortfaktor entschieden, was von den Studenten nur etwa 14 Prozent angaben. Absolventen, die bereits eigene Erfahrungen bei der Vereinbarkeit von Arbeits- und Privatleben sammeln konnten, werden vermutlich häufiger feststellen, dass die „kulturellen Angebote" an den Arbeitsorten nicht immer mit dem Niveau an den Studienorten (meist Universitätsstädte mit vielen kulturellen Möglichkeiten) vergleichbar sind, was zu einer Zunahme des Interesses an diesem Thema führen kann. Bei den Studenten stehen im Hinblick auf die Arbeitsuche noch die „Wohnsituation" und die „Verkehrsanbindung" im Vordergrund. (Vgl. Abbildung 19)

Hier zeigt sich, dass der Erfahrungshintergrund des beruflichen Alltags bei den Absolventen zu komplexen Ansprüchen führt. Die von den Studenten noch als unterschiedlich wichtig eingeschätzten Standortfaktoren (Wohnsituation, Verkehrsanbindung, Kultur- und Freizeitangebote sowie Kinderbetreuung) erhalten von den Absolventen eine gleichbedeutende Wertung.

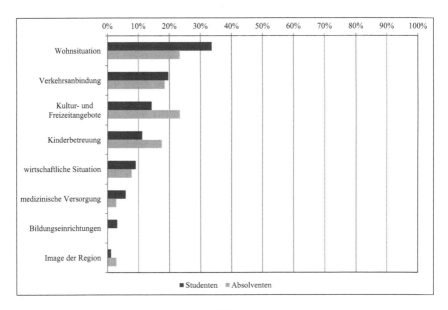

Abbildung 19: *Wichtigster* Standortfaktor

Sehr weit hinten rangieren die „Bildungseinrichtungen" als *wichtigster* Standortfaktor, obwohl sie bei der 6er-Skala von vielen Befragten, vor allem den Studenten, als *sehr wichtig* eingeschätzt wurden. Keiner der befragten Absolventen und nur drei Prozent der Studenten haben sich für die „Bildungseinrichtungen" als *wichtigsten* Standortfaktor entschieden.

Das „Image der Region" bildet für Studenten das Schlusslicht. Dies ist noch einmal ein deutliches Indiz darauf, dass auch Unternehmen in weniger bekannten Regionen gute Chancen bei der Absolventenwerbung haben können, wenn sie auf die hier benannten Wünsche der jungen Menschen vor allem bei der Unterstützung der Vereinbarkeit von Familie und Beruf eingehen.

Zu erkennen ist die nach wie vor besonders hohe Verantwortung für familiäre Verpflichtungen in den Köpfen der jungen Frauen. Bei der Entscheidungsfrage nach dem *wichtigsten* Standortfaktor geben signifikant mehr Frauen als Männer die „Verkehrsanbindung" und die „Kinderbetreuung" an.

3.7 Lebensprioritäten

Um das Bild abzurunden, ist im Folgenden von Interesse, was für die Studenten und Absolventen besonders wichtig in ihrem Leben ist. Dabei wurden neun Aspekte angeboten und jeder Befragte sollte aus dieser Liste *drei für ihn besonders wichtige Aspekte* auswählen.

In der Reihenfolge der verschiedenen Lebensprioritäten ist die Meinung der Befragten eindeutig. Dabei sind sich die Studenten und Absolventen einig, wenn auch die Anzahl der Nennungen etwas differiert.

So stehen „Familie und Freunde" an erster Stelle mit drei Viertel der Nennungen von Studenten und sogar 85 Prozent der Nennungen von Absolventen. Dieses Ergebnis sticht allen anderen Einschätzungen gegenüber heraus. An zweiter Stelle wird die „Gesundheit" mit 47 Prozent von den Studenten und 60 Prozent von den Absolventen als sehr wichtig eingeschätzt. Auf den Plätzen 3 und 4 folgen mit etwa einem Drittel Nennungen „Erfolg und Karriere" sowie „Freizeit und Erholung". „Selbstverwirklichung" wird von 29 Prozent der Studenten und knapp einem Viertel der Absolventen als sehr wichtig aufgeführt. Der hohe Lebensstandard wird an sechster Stelle angeführt.

Im Vergleich deutlich weniger Nennungen – unter zehn Prozent – erhielten die Items „Hobby" sowie „Genuss und Konsum", was bei den meisten Befragten somit nicht zu den *drei wichtigsten* Lebensprioritäten zählt. „Soziales Engagement" gaben noch zwölf Prozent der Studenten, allerdings nur zwei Prozent der Absolventen an. Das könnte der Tatsache geschuldet sein, dass die Absolventen durch ihre berufliche Einbindung und/oder Familiengründung nicht mehr über entsprechend viel freie Zeit verfügen, wie es noch bei den Studenten der Fall ist. Somit verschieben sich die Prioritäten. (Vgl. Abbildung 20)

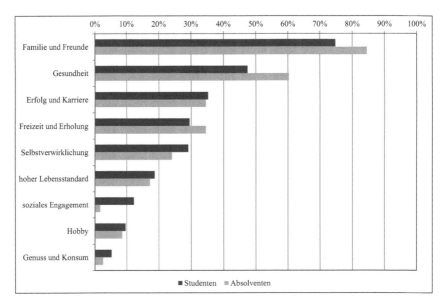

Abbildung 20: Die *drei wichtigsten* Lebensprioritäten neben der Arbeit

Signifikante Unterschiede zwischen den Antworten von Männern und Frauen gibt es lediglich bei dem Aspekt „Gesundheit" durch mehr Antworten der Absolventinnen und bei dem Aspekt „Familie und Freunde" durch mehr Nennungen der Studentinnen. Das bedeutet, dass die Vereinbarkeit von Erwerbsarbeit und Privatleben längst kein reines Frauenthema mehr ist, sondern zunehmend auch von Männern getragen wird (vgl. Becker & Kienle 2008).

3.8 Unternehmenswahl

Auf welche Merkmale achten die zukünftigen Akademiker und Absolventen, wenn sie sich zum Berufseinstieg bewerben? Als erstes werden die Kriterien in der Reihenfolge ihrer Wichtigkeit vorgestellt, bevor auf die Diskrepanz von Wunsch und Realität bei der Größe der Unternehmen, den Eigentümerverhältnissen und den Einsatzbereichen eingegangen wird.

3.8.1 Kriterien der Unternehmenswahl

Welche Aspekte sind den Jungakademikern bei der Unternehmenswahl *sehr wichtig*? Anhand der 6er-Wichtigkeitsskala sollten die nachfolgenden Aspekte der Unternehmenswahl beurteilt werden.

Ganz eindeutig liegen eine „ausgeglichene Work-Life-Balance" und die „Zukunftsfähigkeit des Unternehmens" mit großem Abstand vor allen anderen Nennungen. Diese beiden Kriterien wurden von über 60 Prozent der Studenten und von etwa 70 Prozent der Absolventen als *sehr wichtig* angegeben.

Deutlich seltener (zwischen 15 bis 20 Prozent) haben die Befragten jeweils die Kriterien „Identifikation mit dem Produkt", „attraktiver Standort", „gesellschaftliche Verantwortungsübernahme" und „Markterfolg" des Unternehmens mit *sehr wichtig* bewertet.

Mit unter zehn Prozent der Nennungen wurden die Kriterien „Image", „Größe" und der „Bekanntheitsgrad eines Unternehmens" als *sehr wichtig* eingeschätzt. (Vgl. Abbildung 21)

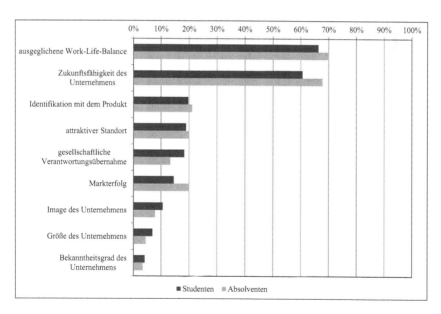

Abbildung 21: Was ist bei der Unternehmenswahl *sehr wichtig*?

Anschließend wurden wieder Studenten und Absolventen nach dem für sie *wichtigsten* Aspekt bei der Unternehmenswahl befragt. Auch hier steht die „ausgeglichene Work-Life-Balance" an erster Stelle mit jeweils 40 Prozent der Nennungen beider Befragungsgruppen. An zweiter Stelle steht – konform zu den Bewertungen bezüglich der Aspekte der Unternehmenswahl mit der 6er-Wichtigkeitsskala – die „Zukunftsfähigkeit des Unternehmens" mit etwa einem Viertel der Nennungen. Danach folgen mit deutlichem Abstand die „Identifikation mit dem Produkt" und der „attraktive Standort" mit fünf bis sechs Prozent. Alle anderen Kriterien liegen unter fünf Prozent der Nennungen für den *wichtigsten* Aspekt. (Vgl. Abbildung 22)

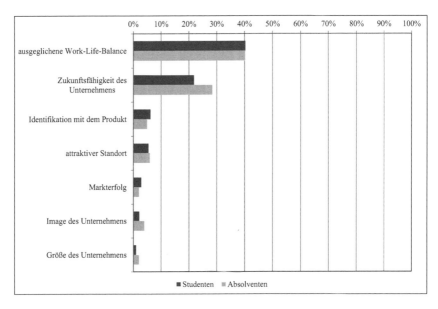

Abbildung 22: *Wichtigster* Aspekt bei der Unternehmenswahl

Einen signifikanten Zusammenhang gibt es zwischen dem angegebenen *wichtigsten* Aspekt der Unternehmenswahl und dem Geschlecht der Befragten. Deutlich mehr weibliche Studenten und Absolventen als Männer geben eine „ausgeglichene Work-Life-Balance" als *wichtigsten* Aspekt der Unternehmenswahl an. Die unterschiedliche Bedeutung des Themas zur Vereinbarkeit von Erwerbsleben und Privatem soll aber nicht davon ablenken, dass dieser Aspekt der Unternehmenswahl auch von den Männern am häufigsten geäußert wird.

3.8.2 Größe des Unternehmens

Wie bereits bei der Entscheidung der Kriterien für die Unternehmenswahl deutlich wurde, ist es für viele junge Menschen unwichtig, in welcher Unternehmensgröße sie ihre berufliche Karriere beginnen.

In Abbildung 23 wird ersichtlich, dass es den Studenten in der Mehrheit „egal" ist, wie groß das Unternehmen ist, in dem sie ihre Erwerbstätigkeit beginnen würden. Knapp die Hälfte der befragten Studierenden gab dies an. Etwas mehr als ein Viertel der Studenten würde lieber in einem „größeren Unternehmen" arbeiten und ein weiteres knappes Viertel würde lieber in einem „kleinen oder mittelständischen Unternehmen" tätig werden.

Die überwiegende Mehrheit der Absolventen arbeitet in „größeren Unternehmen" mit 250 oder mehr Mitarbeitern. Das scheint den Wunsch der Betriebsgröße mit zu beeinflussen. So sagen deutlich mehr Absolventen, nachdem sie bereits Arbeitserfahrungen in dieser Unternehmensgröße sammeln konnten, dass sie dort auch gern arbeiten möchten (61 Prozent). Lediglich acht Prozent der Absolventen würde lieber in einem „kleinen oder mittelständischen Unternehmen" arbeiten und einem knappen Drittel der Absolventen ist es nach ersten Berufserfahrungen „egal", wie groß das Unternehmen ist.

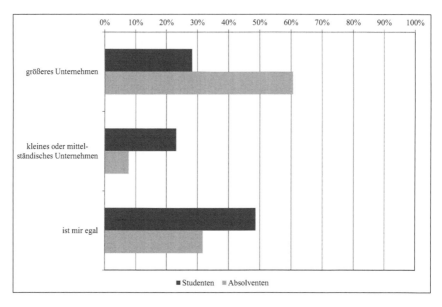

Abbildung 23: In welchem Unternehmen würden Sie lieber arbeiten?

Tendenziell sind es eher die Männer beider Befragungsgruppen, die lieber in einem „größeren Unternehmen" arbeiten wollen, während es mehr Frauen „egal" ist, in welchem Unternehmen sie tätig werden. In der Realität sieht es zurzeit so aus, dass Frauen in kleinen Unternehmen fast die Hälfte der Beschäftigung sichern, in größeren Unternehmen aber nur zu einem Drittel vertreten sind (vgl. Föhr 2011, S. 25).

3.8.3. Eigentümerverhältnisse des Unternehmens

Den meisten Studenten (57 Prozent) und auch vielen Absolventen (47 Prozent) ist es völlig „egal", unter welchen Eigentümerverhältnissen sie arbeiten. Wenn sich die Studenten entscheiden, bevorzugen sie eindeutig „familiengeführte Unternehmen" (35 Prozent) gegenüber „an der Börse gelisteten Unternehmen" (acht Prozent).

Der verstärkte Wunsch in einem „familiengeführten Unternehmen" zu arbeiten, zeigt sich auch bei den Absolventen. 41 Prozent wünschen sich dies, während sich von ihnen nur elf Prozent für ein „an der Börse gelistetes

Unternehmen" entscheiden würden, wenn sie die Wahl hätten. (Vgl. Abbildung 24)

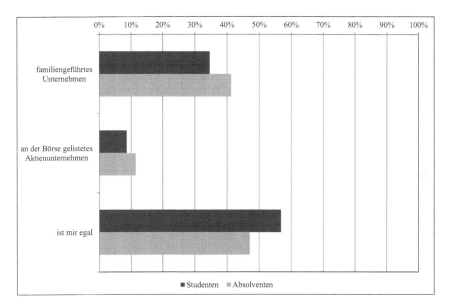

Abbildung 24: Unter welchen Eigentumsverhältnissen würden Sie lieber arbeiten?

Unterschiede sind bei dieser Frage im Antwortverhalten von Männern und Frauen nicht zu beobachten.

Wird der Wunsch nach der Unternehmensgröße, in dem die Studenten lieber arbeiten möchten, mit ihrem Wunsch nach den Eigentümerverhältnissen des Unternehmens kombiniert, so zeigt das Ergebnis, dass die meisten der befragten Studenten gern in einem „kleinen oder mittelständischen" und „familiengeführten Unternehmen" arbeiten möchten. Bei den Absolventen möchte diesbezüglich der größte Teil ebenso lieber in einem „familiengeführten", aber eher „größeren Unternehmen" mit über 250 Mitarbeitern (vgl. Abschnitt 3.8.2) tätig sein.

Schaut man, wo die Absolventen tätig geworden sind, so zeigt sich aber folgendes Bild: 94 Prozent der befragten Absolventen, die nach Beendigung ihres Studiums in einer Festanstellung sind, arbeiten in einem „größeren

Unternehmen" und sechs Prozent in einem „kleinen oder mittelständischen Unternehmen". Dabei haben 60 Prozent angegeben, dass das Unternehmen, in dem sie tätig sind, ein „an der Börse gelistetes Unternehmen" ist. 18 Prozent arbeiten in einem „familiengeführten Unternehmen" und 22 Prozent in einem anderen Unternehmen. Das heißt, dass hier Wunsch und Realität sehr stark auseinander gehen, was mit den Beschäftigungsmöglichkeiten in den unterschiedlichen Unternehmenstypen zusammenhängen kann.

Bei der geschlechtsspezifischen Betrachtung zeigt sich, dass signifikant mehr weibliche Absolventen in einem familiengeführten Unternehmen arbeiten, während mehr männliche Absolventen in einem an der Börse gelisteten oder in einem anderen Unternehmen arbeiten. Während Familienfreundlichkeit in kleineren Unternehmen schnell und unbürokratisch umgesetzt werden kann, nimmt der Prozess der Umsetzung familienfreundlicher Maßnahmen in großen Unternehmen, auf Grund ihrer Strukturen, mehr Zeit in Anspruch (vgl. Wiener & Winge 2006). Das begründet neben Berufswahlentscheidung und Brancheneffekt ebenfalls den geringeren Anteil von Frauen in Global Playern.

3.8.4 Bevorzugte Einsatzbereiche

Der bevorzugte Arbeitsbereich für die meisten befragten Studenten der Chemiebranche (78 Prozent) wäre der Bereich der „Forschung". 14 Prozent der Studenten würden sich für die „Produktion" entscheiden und acht Prozent wünschen sich, in anderen Bereichen zu arbeiten. Die Mehrheit der befragten Absolventen (71 Prozent) hat dann auch ihre Tätigkeit im Bereich der „Forschung" begonnen und jeweils 14 Prozent haben in der „Produktion" bzw. in anderen Bereichen angefangen zu arbeiten.

Einen signifikanten Zusammenhang zwischen dem Arbeitsbereich und dem Geschlecht der Befragten gibt es bei den Absolventen. Wesentlich mehr Frauen als Männer haben ihre Tätigkeit in der „Forschung" begonnen und mehr als zehnmal so viele Männer wie Frauen in der „Produktion".

Studenten und Absolventen, die sich bei dieser Frage nicht dem Bereich „Forschung" oder „Produktion" zuordnen konnten, gaben als „sonstige" Kategorien Folgendes an: „Analytik", „Qualitätssicherung", „Manage-

ment", „Marketing", „Logistik", „Verfahrensentwicklung" und „Einkauf".
Vereinzelt wurde angemerkt, dass die zukünftige Tätigkeit in der „Perso-
nalabteilung", der „Entwicklung", der „Dienstleistung" oder auch an der
„Schnittstelle zwischen Forschung und Produktion" sein sollte. Einige
nannten in der *offenen Frage* ergänzend „Biotechnologie", „Herstellung
von Medizinprodukten", „Industrieparkbetreiber" (Infrastruktur für Che-
mieunternehmen) und „Medizintechnik".

Die Mehrheit der befragten Studenten (62 Prozent) hat sich noch nicht
für ein konkretes Unternehmen nach Beendigung des Studiums entschieden, die anderen Studenten (38 Prozent) haben bereits ein konkretes Unternehmen im Blick. Dies geben signifikant mehr Männer als Frauen an.
Die Studenten, die bereits ein bestimmtes Unternehmen im Blick haben,
wurden gebeten anzugeben, in welchem Bereich dieses Unternehmen tätig
ist. Knapp ein Viertel (23,4 Prozent) gab an, dass es sich um den „Pharmazie"-Bereich handelt und jeder Fünfte (20,9 Prozent) gab einen „anderen
chemieübergreifenden" Bereich an. Vereinzelt wurden auch die Bereiche
„Mineralöl", „Pflanzenschutz", „Waschmittel/Kosmetik", „Informations-
technik" und „Logistik" genannt (unter zwei Prozent).

Die meisten befragten Absolventen, die bereits in einer Anstellung sind,
arbeiten im „Pharmazie"-Bereich (23 Prozent). Jeder Fünfte arbeitet im
Bereich „Spezialchemikalien" und jeder Zehnte im „Kunststoffbereich"
oder in „anderen chemieübergreifenden" Bereichen. Nur ganz vereinzelt
(zwei bis drei Nennungen) arbeiten die Absolventen in den Bereichen
„Grundchemikalien", „Mineralöl", „Pflanzenschutz", „Waschmittel/Kos-
metik" und „Engineering/Anlagenbau".

In Abbildung 25 zeigt sich, dass der Wunsch der Studenten mit dem
tatsächlichen Einsatz der Absolventen in den unterschiedlichen Bereichen
recht gut übereinstimmt. Einige Auffälligkeiten gibt es bei den „Spezialchemikalien", die deutlich mehr Arbeitsgelegenheiten bieten, als von den
Studenten gewünscht werden und die „Verwaltung, Dienstleistung und Logistik", bei der es genau umgekehrt der Fall ist.

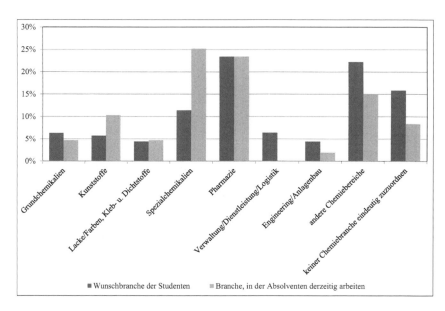

Abbildung 25: Wunsch der Studenten und Einsatz der Absolventen in Bereichen der Chemieindustrie

Signifikante Unterschiede zeigen sich bei den Studenten. Während doppelt so viele Männer wie Frauen ein Unternehmen im Blick haben, welches dem Bereich der „chemischen Grundstoffe und Endprodukte" zuzuordnen ist, geben doppelt so viele Studentinnen wie Studenten an, dass das Unternehmen dem Bereich „Pharmazie" angehört. Dieser Wunsch deckt sich mit der aktuellen Geschlechterverteilung in den Beschäftigtengruppen. So sind Frauen anteilig besonders häufig in „Pharmazieunternehmen" zu finden (vgl. Wiener 2011 a).

3.9 Suche nach einem Arbeitsplatz

In dem folgenden Abschnitt wird dargestellt, welchen Kontakt die jungen Menschen bereits während des Studiums zu Unternehmen pflegen, welche Möglichkeiten sie für ihre Bewerbung zum Berufseintritt nutzen und mit welchem Abschluss sie auf die Unternehmen zum Erwerbseinstieg zugehen.

3.9.1 Erster Kontakt mit dem Unternehmen

Praktika bieten Studenten die Möglichkeit, in die Strukturen und Abläufe von Unternehmen einen Einblick zu gewinnen. Auf der anderen Seite können nen Unternehmen rechtzeitig Kontakte mit potentiellen Arbeitnehmern knüpfen, um gegebenenfalls ihren Fachkräftebedarf zu sichern. Wenn die Befragten während des Studiums oder bei der anschließenden Arbeitsplatzsuche mit Unternehmen Kontakt hatten, so ist dies bei den meisten Studenten (43 Prozent) und Absolventen (33 Prozent) im Rahmen eines „Praktikums" der Fall gewesen.

Absolventen haben etwas mehr als Studenten angegeben, als „Werksstudent" oder über ihre „Abschlussarbeit" (zwischen zwölf und 16 Prozent) Kontakt zu Unternehmen erhalten zu haben. Aber immerhin etwa ein Viertel beider Befragungsgruppen hatte während des Studiums oder während der Arbeitsplatzsuche überhaupt „keinen Kontakt" zu Unternehmen.

„Karrierenetzwerke" dienen eher zum Berufseinstieg als zum Erstkontakt mit dem Unternehmen während des Studiums und werden von 16 Prozent der Absolventen gegenüber nur vier Prozent der Studenten angegeben. (Vgl. Abbildung 26)

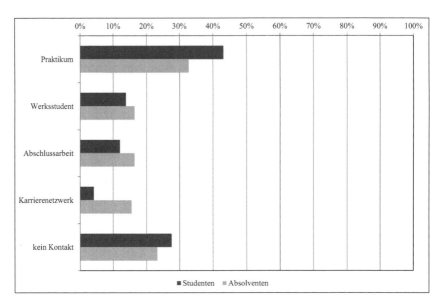

Abbildung 26: Kontaktwege mit Unternehmen

Es hatten signifikant deutlich mehr männliche Studenten durch ein „Praktikum" Kontakt mit Unternehmen. Von den männlichen Absolventen wurde häufiger die Möglichkeit, als „Werksstudent" zu arbeiten, genutzt.

In einer *offenen Frage* konnten die Befragten angeben, auf welchen anderen – außer den bereits genannten – Wegen sie schon mit Unternehmen Kontakt kamen. So haben u. a. einige Studenten über einen „Nebenjob bzw. eine Aushilfstätigkeit", durch „Exkursionen" oder eine „Berufsausbildung" Unternehmen kennengelernt oder dort gearbeitet. Vereinzelt wurden von den Studenten auch „persönliche Kontakte" oder die „Organisation von Konferenzen" angeführt.

Die Absolventen gaben u. a. an, dass sie durch „Kooperationen während der Hochschulausbildung", bei „Workshops", „Messen" und „Kongressen" mit Unternehmen in Verbindung standen. Vereinzelt wurde von den Absolventen das „Internet bzw. die Kommunikation per Email" als weiterer Kontaktweg mit Unternehmen genannt.

3.9.2 Möglichkeiten der Arbeitsplatzsuche und erfolgversprechende Wege

Über welche Wege suchen die Studenten und suchten die Absolventen während ihrer Studienzeit nach einer Arbeitsstelle? „Firmenauftritte im Internet" und „Anzeigen im Internet" spielen für beide Befragungsgruppen eine sehr wichtige Rolle bei der Arbeitsplatzsuche. Auf diesem Weg suchen 85 Prozent der Studenten und 60 bzw. 75 Prozent der Absolventen. Etwa 60 Prozent beider Befragungsgruppen schicken „Initiativbewerbungen" in die Betriebe und mehr als 40 Prozent erhalten „Empfehlungen über Bekannte". „Anzeigen in Fachzeitschriften" geben nicht einmal halb so viele Absolventen (etwas über 20 Prozent) wie Studenten (über 50 Prozent) an. „Berufsmessen", „Karrierenetzwerke" und die „Arbeitsagentur" sind bei ca. einem Drittel der Studenten und nur noch zwischen 10 und 25 Prozent der Absolventen im Blick. Am wenigsten spielt die „regionale und überregionale Tagespresse" sowie die „Unterstützung der Hochschulen" eine Rolle. (Vgl. Abbildung 27)

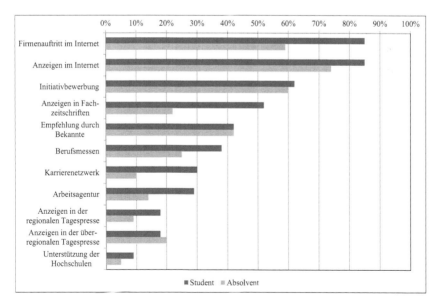

Abbildung 27: Wege der Suche nach einer Arbeitsstelle

Signifikante Unterschiede zwischen den Geschlechtern gibt es in der Gruppe der Absolventen bei der Frage, wie nach einer Arbeitsstelle gesucht wird. Während die Absolventinnen eher auf „Anzeigen im Internet" oder „in Fachzeitschriften" zurückgreifen, schreiben fast doppelt so viele Männer wie Frauen „Initiativbewerbungen". Tendenziell suchen eher Männer als Frauen auf „Berufsmessen" nach einer Arbeitsstelle. Weitere Unterschiede zwischen Männern und Frauen, die allerdings nicht signifikant sind, gibt es auch in der Gruppe der Studenten. So suchen mehr Studenten als Studentinnen mittels „Anzeigen in der regionalen Tagespresse" oder mit Hilfe von „Karrierenetzwerken" nach einer Arbeitsstelle, während mehr Studentinnen als Studenten auf „Empfehlungen durch Bekannte oder Verwandte" zurückgreifen.

In einer *offenen Frage* konnten die Studenten und Absolventen weitere Wege ihrer Suche nach einer Arbeitsstelle angeben. Genannt wurden vereinzelt „Jobbörsen", „Kongresse", „Projekte" und „Firmen-Workshops" als weitere Wege.

Zum Befragungszeitpunkt suchte knapp ein Viertel der Studenten (24 Prozent) aktiv nach einer Arbeitsstelle. Der Weg, auf dem sie *hauptsächlich* nach einem Arbeitsplatz suchten, wird mit der Meinung der Absolventen verglichen, welcher Weg bei ihnen den Ausschlag zur Findung ihres ersten Arbeitsplatzes gab.

In Abbildung 28 wird ersichtlich, welche dominante Bedeutung das Internet bei der Arbeitsplatzsuche übernommen hat. Als Favorit der Arbeitsplatzsuche werden „Anzeigen im Internet" von den Studenten mit knapp 60 Prozent am häufigsten angegeben. Bei den Studenten rangieren die „Firmenauftritte im Internet" mit reichlich einem Viertel auf Platz 2. Sehr wenige Studenten (zwischen ein und sieben Prozent) entscheiden sich für die „Hilfe durch Hochschulen" oder für „Initiativbewerbungen", „Berufsmessen" und „Anzeigen in Fachzeitschriften".

Nachdem bei den Absolventen die „Anzeigen im Internet" mit 30 Prozent ebenfalls auf Platz 1 liegen, werden von ihnen zur erfolgreichen Arbeitsplatzsuche bereits auf Platz 2 die „Empfehlungen durch Bekannte" genannt (23 Prozent). „Initiativbewerbungen" führen mit zwölf Prozent ebenfalls recht häufig zum Ziel. „Firmenauftritte im Internet" waren immerhin bei weiteren zehn Prozent ausschlaggebend. In fünf Prozent der Fälle war ein

„Praktikum" bzw. die „Abschlussarbeit" das *wichtigste* Kriterium. (Vgl. Abbildung 28)

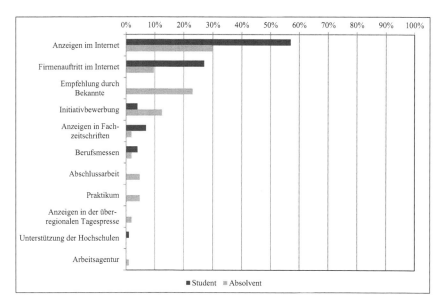

Abbildung 28: *Hauptsächlichster* Weg der Arbeitsplatzsuche von Studenten und *ausschlaggebendes* Kriterium bei der Findung des ersten Arbeitsplatzes von Absolventen

Bei den erfolgversprechenden Wegen der Arbeitsplatzsuche gab es keine signifikanten Unterschiede zwischen Frauen und Männern.

3.9.3 Qualifikationsabschluss der Arbeitsuchenden

Nur vereinzelt möchten Studenten bereits mit dem Bachelor-Abschluss nach einer Arbeitsstelle Ausschau halten. Die meisten Studierenden schließen nach dem Bachelor- den Masterstudiengang an. Wie im Chemiestudium weit verbreitet, will die Mehrheit der Studenten (83 Prozent) erst nach dem Abschluss ihrer Promotion eine Arbeitsstelle suchen.

Bei den Absolventen ist zu erfahren, mit welchem Studienabschluss sie tatsächlich ihren Arbeitsplatz gesucht haben. Es zeigt sich – entsprechend den Vorstellungen der Studenten – dass weit über drei Viertel (77 Prozent) nach einer abgeschlossenen Promotion eine Arbeitsstelle sucht. Nur ein Prozent erhielt seine Anstellung nach dem Bachelorabschluss, was sich vor allem dadurch erklären lässt, dass dieser Abschluss erst in den letzten Jahren eingeführt wurde. Die restlichen 22 Prozent haben einen Diplom- oder Magister-Abschluss bzw. ihren Master oder das Staatsexamen gemacht. (Vgl. Abbildung 29)

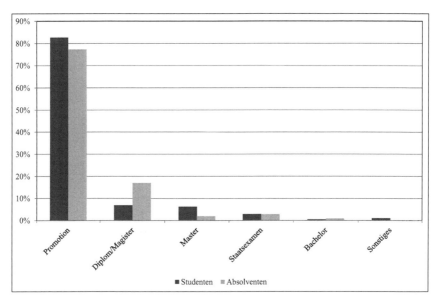

Abbildung 29: Geplanter Studienabschluss der Studenten und tatsächlicher Studienabschluss der Absolventen zum Zeitpunkt der Arbeitssuche

3.10 Woher kommen und wohin gehen die jungen Menschen?

Die Verteilung der befragten Studenten nach Bundesländern entspricht nahezu den Anteilen der Studierenden der Chemie- und Pharmaziefachrichtungen in Deutschland insgesamt. (Vgl. Abbildung 30)

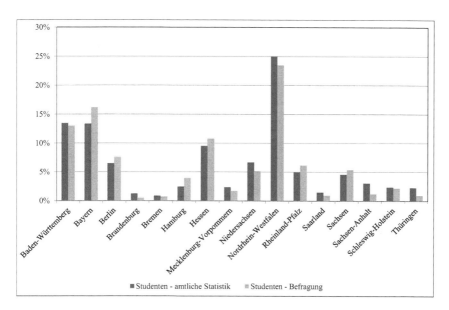

Abbildung 30: Anteil von Studenten in den Fachrichtungen Biochemie, Chemie und Pharmazie sowie der Studenten aus der Befragung nach Bundesländern

Quelle: Statistisches Bundesamt (Zahlen WS 2010/2011)

Weit über drei Viertel der befragten Studenten (79 Prozent) studieren in den westlichen Bundesländern, die meisten davon in Baden-Württemberg, Bayern, Hessen und Nordrhein-Westfalen. Von den Studenten lernen 17 Prozent an (Fach-)Hochschulen und Universitäten der neuen Bundesländer. Vier Prozent sind während der Befragung im Ausland gewesen.

Ein ähnliches Bild zeigt sich bei den Absolventen, wenn man schaut, wo sie ihre Ausbildung absolviert haben: 81 Prozent studierten in den alten Bundesländern und lediglich 14 Prozent in den neuen Bundesländern. Die restlichen Absolventen studierten im Ausland.

Interessant ist nachfolgend, in welchem Bundesland die befragten Absolventen nach dem Studium arbeiten. Es zeigt sich gegenüber den Studenten ein deutlich zugespitztes Bild in der Konzentration auf die alten Bundesländer. Fast alle befragten Absolventen (94 Prozent) arbeiten in den alten Bundesländern, was mit dem größeren Arbeitsplatzangebot dort zu tun hat. Lediglich 5 Prozent der Absolventen haben eine Arbeitsstelle in den neuen Bundesländern angenommen. In Baden-Württemberg, Bayern, Hessen, Nordrhein-Westphalen sowie in Niedersachsen und Rheinland-Pfalz arbeiten die meisten befragten Absolventen (vgl. Abbildung 31).

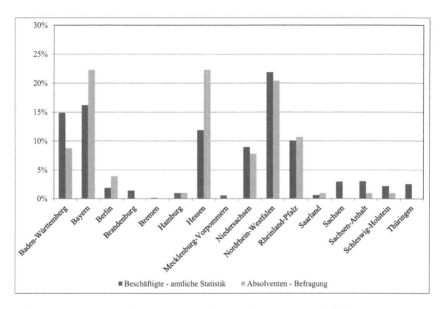

Abbildung 31: Anteil der Beschäftigten in der Chemieindustrie und der befragten Absolventen nach Bundesländern

Quelle: Statistisches Bundesamt (Zahlen von 2010)

Viele Studenten haben angegeben, dass sie sich vorstellen könnten, in dem „Bundesland, in dem sie die meiste Zeit ihres Lebens verbracht haben" oder in dem sie „zurzeit studieren", auch zu bleiben. Etwas mehr als 40 Prozent erwägen die „alten Bundesländer" für sich. Ein reichliches Viertel (27 Prozent) der Studenten gibt zudem an, sich vorstellen zu können, in den „neuen Bundesländern" zu arbeiten und zu leben. Das sind mehr als dort zurzeit studieren. Die Absolventen entscheiden sich, egal, wo sie studiert haben, in der Mehrheit für die „alten Bundesländer". Diese Information steckt zu großen Teilen in der Antwort „wo ich zurzeit arbeite". Nach dem Studium erwägen nur noch sieben Prozent der befragten Absolventen den Schritt in die „neuen Bundesländer". (Vgl. Abbildung 32)

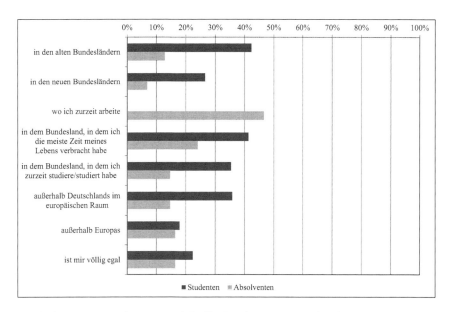

Abbildung 32: Wo könnten sich die Studenten und Absolventen vorstellen zu arbeiten und zu leben?

Dass es zum Studien- und auch zu Berufsbeginn relativ wenige Bundeslandwechsel gibt, zeigt sich in den Antworten, dass die meisten der befragten Studenten in dem Bundesland studieren, in dem sie die längste Zeit ihres Lebens verbracht haben. Außerdem kann für die Absolventen festgestellt werden, dass der Berufseinstieg häufig dort geschieht, wo auch studiert wurde. Das trifft besonders auf Bayern, Hessen und Nordrhein-Westfalen zu (Bayern und Hessen: zwei Drittel; Nordrhein-Westfalen: 40 Prozent).

Bei mehreren Angaben gab es signifikante Unterschiede. Die Männer antworteten in den Kategorien „alte Bundesländer", „Bundesland, in dem ich zurzeit studiere", „außerhalb Deutschlands" und „außerhalb Europas" häufiger.

Da Studenten häufig angeben, in dem Bundesland arbeiten zu wollen, in dem sie zurzeit studieren, sollten Unternehmen rechtzeitig attraktive Arbeitsgelegenheiten schaffen und frühzeitig Kontakt zu den Hochschulen der Region aufbauen, um die Abwanderung von Jungakademikern zu verhindern. Zu den Angeboten bei der ersten Kontaktaufnahme gehören Praktika, Abschlussarbeiten und anderes. (Vgl. Abschnitt 3.9.1)

Reichlich ein Drittel der befragten Studenten (35 Prozent) geben an, dass sie sich vorstellen könnten, „außerhalb Deutschlands im europäischen Raum" zu arbeiten und zu leben. Bei den Absolventen sind das nur noch 15 Prozent. Immerhin etwa jeder sechste Student und Absolvent könnte sich vorstellen, dies sogar „außerhalb Europas" zu tun. (Vgl. Abbildung 32) Die tatsächliche Mobilitätsbereitschaft in den Fachrichtungen liegt eher darunter. Von den promovierten Chemikern der chemischen und pharmazeutischen Industrie gehen nach ihrem Abschluss 19 Prozent, meistens zu einem Postdoc-Aufenthalt, ins Ausland (vgl. Gesellschaft Deutscher Chemiker 2011).

3.11 Abschließende Einschätzung von Arbeits- und Privatleben

Zum Abschluss wurden von den Befragten *in jeweils acht gegensätzlichen Paaren auf einer Skala von 1 bis 10* Aussagen[3] zu Beruflichem und Privatem eingeschätzt. In der nachfolgenden Abbildung ist das Ergebnis durch die Medianwerte[4] zusammengefasst. Die helle Linie mit den runden Punkten gibt die Einschätzung der Studenten und die dunkle Linie mit den quadratischen Punkten gibt die Einschätzung der Absolventen wider.

---

3 Die Aussagen wurden den Studenten und Absolventen in der Online-Befragung nach dem Zufallsprinzip vorgelegt.
4 Der Median ist derjenige Wert (Merkmalsausprägung), der in der Mitte steht, wenn alle Beobachtungswerte der Größe nach geordnet sind.

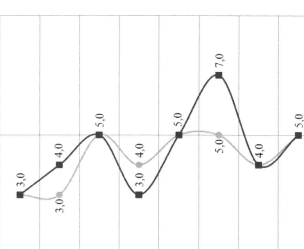

(1) Ich möchte in den ersten Monaten an meinem Arbeitsplatz **keine Verantwortung** übernehmen.

(2) Das **Unternehmen** ist für meine Weiterbildung **nicht verantwortlich**.

(3) Ich habe **im Ausland bessere Jobchancen** als in Deutschland.

(4) **Internationale Berufserfahrung** ist für meinen beruflichen Werdegang **unerlässlich**.

(5) Das **Einkommen** ist für mich wichtiger als die Arbeitsinhalte.

(6) Dass das **Unternehmen Tarifpartner** ist, ist für mich **Grundvoraussetzung** bei der Arbeitgeberwahl.

(7) Die **Freude an der Arbeit** ist für mich **wichtiger** als ein sicherer Arbeitsplatz.

(8) In den ersten Jahren nach meinem Studienabschluss will ich mein **Privatleben zugunsten meiner Karriere** zurückstellen.

(1) Ich möchte in den ersten Monaten an meinem Arbeitsplatz **im vollen Umfang Verantwortung** übernehmen.

(2) Das **Unternehmen** ist für meine Weiterbildung **verantwortlich**.

(3) Ich habe in **Deutschland bessere Jobchancen** als im Ausland.

(4) **Internationale Berufserfahrung** ist für meinen beruflichen Werdegang **nicht notwendig**.

(5) Die **Arbeitsinhalte** sind für mich wichtiger als das Einkommen.

(6) Eine **Tarifpartnerschaft** spielt für mich bei der Arbeitgeberwahl **keine Rolle**.

(7) Ein **sicherer Arbeitsplatz** ist für mich **wichtiger** als Freude an der Arbeit.

(8) In den ersten Jahren nach meinem Studienabschluss will ich meine **Karriere zugunsten meines Privatlebens** zurückstellen.

Studenten — Absolventen

Abbildung 33: Lebenseinschätzung in acht polarisierenden Aussagen

Bei dem ersten Statement wurde gefragt, ob die Probanden in den ersten Monaten an ihrem Arbeitsplatz *keine Verantwortung* oder *Verantwortung in vollem Umfang* übernehmen wollen. Aus Abbildung 33 (1) wird ersichtlich, dass sich sowohl Studenten als auch Absolventen in den ersten Monaten als Anfänger in einem Unternehmen sehen und *nur wenig Verantwortung* übernehmen wollen. Kaum eine andere Antwort tendierte so eindeutig in eine Richtung. Diese klare Aussage unterstreicht den Wunsch der Befragten, als Neuling in einem Unternehmen auf jeden Fall schrittweise und mittels Mentoring bzw. durch einen festen Ansprechpartner eingearbeitet zu werden (vgl. dazu Abschnitt 3.2.2).

Dass den Befragten zu einem sehr hohen Prozentsatz (Studenten 72 Prozent und Absolventen 62 Prozent) Weiterbildungsmöglichkeiten sehr wichtig sind, ist bereits aus den Antworten aus Abschnitt 3.2.3 bekannt. In der in Abbildung 33 (2) vorliegenden Antwort zeigen die Jungakademiker, dass sie sich vor allem selbst für ihre Weiterbildung verantwortlich fühlen und dies nicht allein dem Unternehmen überlassen. Die meisten der befragten Studenten und auch sehr viele Absolventen sind der Meinung, dass das Unternehmen, in dem sie arbeiten für ihre Weiterbildung *nicht oder nur in geringem Maße verantwortlich* ist. Die Selbstverantwortung bei der Weiterbildung spielt eine bedeutende Rolle.

Sind die Arbeitsmöglichkeiten für Jungakademiker im Ausland oder in Deutschland besser? Die *Jobchancen* werden von den Studenten und Absolventen gleichermaßen *in Deutschland* wie *im Ausland* gesehen. Obwohl die Hälfte der Befragten *gleiche Jobchancen im In- und Ausland* vermuten, antworteten viele Studenten und Absolventen, dass sie am liebsten an dem Ort, an dem sie die meiste Zeit des Lebens verbracht haben, bleiben möchten. In der Realität sieht es also so aus, dass nur etwa jeder fünfte Absolvent sein Glück im Ausland sucht. (Vgl. Abschnitt 3.10)

Für viele der Befragten ist nach ihrer Einschätzung eine internationale Berufserfahrung, wie sie in Abbildung 33 (4) abgefragt wurde, für ihren beruflichen Werdegang *unerlässlich*. Nur sehr wenige sagen, dass eine derartige Berufserfahrung *nicht notwendig* sei. Für Absolventen wird die internationale Berufserfahrung noch wichtiger als für Studenten.

Bei der Polarisierung zwischen der Wichtigkeit von Einkommen und Arbeitsinhalten in Abbildung 33 (5) hält sich die Einschätzung der jungen

Menschen wieder die Waage. Beides ist ihnen gleich wichtig, die Befragten können sich hier weder in die eine noch in die andere Richtung entscheiden. Das Einkommen sollte zwar angemessen sein (vgl. Abschnitt 3.3.2), aber wenigstens genauso wichtig sind ihnen ein breit gefächertes Tätigkeitsfeld (vgl. Abschnitt 3.2.3) und berufliche Entwicklungsmöglichkeiten (vgl. Abschnitt 3.1).

Unentschieden sind die Studenten noch bei der Bedeutung der Tarifzugehörigkeit ihres zukünftigen Arbeitgebers, wie in Abbildung 33 (6) dargestellt. Für die Absolventen spielt diese Eigenschaft des Unternehmens eine geringere Rolle. Für sie ist die Tarifpartnerschaft *keine Grundvoraussetzung* bei der Arbeitgeberwahl. Diese Tendenz ist eher konträr zu den Antworten auf die Frage, dass den Jungakademikern eine tarifliche Bezahlung wichtig ist (vgl. Abschnitt 3.3.2). Es sind fast zwei Drittel, die in Bezug auf das Einkommen eine tarifliche Bezahlung erwarten. Es sieht so aus, dass es den jungen Menschen um eine angemessene und gerechte Entlohnung geht, dass sie aber die Absicherung dazu weniger den Tarifaushandlungen zuschreiben.

Einigkeit herrscht – wie in Abbildung 33 (7) ersichtlich wird – unter den befragten Studenten und Absolventen darüber, ob die Freude an der Arbeit *wichtiger* ist oder ein sicherer Arbeitsplatz. Obwohl Planbarkeit und Verlässlichkeit für die meisten in ihrem Arbeitsleben erstrebenswert sind und unbefristete Vollzeitstellen sehr weit oben in den Antworten rangierten (vgl. Abschnitt 3.3.1), tendieren die jungen Menschen doch eher in ihrem Antwortverhalten hin zur Freude an der Arbeit. Hier spiegeln sich die Antworten auf die Frage wider, was den jungen Menschen bei der Arbeitsplatzsuche wichtig ist und welche die ausschlaggebenden Entscheidungskriterien für ein Unternehmen darstellen (vgl. Abschnitt 3.1). Das Arbeitsklima stand auf den vordersten Plätzen und wurde besonders von den Absolventen prioritär beurteilt. Außerdem wurde der Spaß an der Arbeit explizit bei der zukünftigen Tätigkeit als zusätzliches Kriterium genannt (vgl. Abschnitt 3.2.3). Den Jungakademikern ist es also wichtig, in einem angenehmen Arbeitsumfeld mit Freude an die Arbeitsaufgaben gehen zu können.

In Abbildung 33 (8) ist zu erkennen, dass beide Befragungsgruppen in der Entscheidung zwischen Privatleben oder Karriere wieder die Mitte erreichen. Die jungen Menschen streben eine Balance zwischen Arbeit und Privatem an. Lediglich etwa ein Viertel der Befragten beider Befragungsgruppen will *in den ersten Jahren nach Studienabschluss das Privatleben zugunsten der Karriere zurückstellen und umgekehrt.* Dieses Ergebnis geht konform mit den Antworten zur Vereinbarkeit von Berufs- und Privatleben, das von den Befragten in der Erhebung immer wieder weit vorn platziert wurde. So wurden auf den ersten drei Plätzen zum idealen Arbeitsplatz in der Reihenfolge Arbeitsklima, Vereinbarkeit von Arbeits- und Privatleben und berufliche Entwicklungsmöglichkeiten angegeben. Über die Hälfte der Befragten nannte im Rahmen ihnen wichtiger Zusatzleistungen die Unterstützung bei der Kinderversorgung (vgl. Abschnitt 3.3.3). Befragt nach ihren Lebensprioritäten außerhalb der Arbeit rangiert bei den Antworten Familie und Freunde an erster Stelle. Und schließlich auf das wichtigste Entscheidungskriterium bei der Unternehmenswahl angesprochen, ist eine ausgeglichene Work-Life-Balance der Aspekt, auf den der meiste Wert gelegt wird (vgl. Abschnitt 3.8.1).

3.12 Fazit

Über Vereinbarkeit von Beruf und Privatem nicht nur reden

Das Thema „Vereinbarkeit von Beruf und Privatem" gewinnt immer mehr an Bedeutung und wird im Rahmen dieser Untersuchung bei den Antworten der Jungakademiker immer wieder weit vorn platziert. In den verschiedenen Themenblöcken der Befragung geben die Jungakademiker an, dass die Familie, Kinder und Freunde sowie Freizeitaktivitäten einen sehr hohen Stellenwert einnehmen, dass es ihnen wichtig ist, das Privatleben mit dem Beruf in Einklang zu bringen und dass sie sich flexible Arbeitszeiten wünschen. Statussymbole wie beispielsweise ein Dienstwagen verlieren im Vergleich hierzu bei den jungen Menschen deutlich an Bedeutung.

Dass die Vereinbarkeit von Beruflichem und Privatem kein reines Frauenthema ist, zeigt sich in dieser Studie sehr deutlich, da der Anteil an Männern an dieser Befragung über dem der Frauen liegt. Umso wichtiger sind die Signale, die von den jungen Menschen bezogen auf ihre Lebensplanung ausgehen, einzuschätzen.

Zurzeit wird über die Vereinbarkeit von Erwerbsarbeit und Privatleben viel geredet, aber bei weitem nicht ausreichend gehandelt. Dabei können nicht nur große, sondern auch kleine und mittelständische Unternehmen zur Verbesserung der Work-Life-Balance relativ viele individuelle Lösungen anbieten. Möglichkeiten gibt es z. B. durch mehr Arbeitszeit- und Arbeitsortsouveränität, durch Verkürzung der Wochenarbeitszeit, Nutzung von Arbeitszeitkonten, Unterstützung bei der Kinderbetreuung, bei der Pflegeverantwortung oder bei der Wahrnehmung von Vereinsarbeit und Hobbys.

Jungakademiker rechtzeitig gewinnen und binden

Eine frühzeitige Bindung von jungen Akademikern ist entscheidend, um dem Fachkräftemangel vorzubeugen bzw. zu begegnen. Für kleine und mittelständische Unternehmen spricht der positive Blick auf familiengeführte Unternehmen der Studenten und Absolventen, wobei den meisten Befragten die Unternehmensgröße noch egal ist. Jungakademiker sollten also möglichst vor ihrem Studienabschluss von den Unternehmen gewonnen werden. Ein frühzeitiger Kontakt, z. B. durch Praktika, Betreuung von Abschlussarbeiten oder Messen trägt dazu bei, eine Bindung aufzubauen und sogenannte Klebeeffekte zu erzeugen. Denn dort, wo die Jungakademiker einmal Arbeit gefunden haben, werden sie neue Kontakte knüpfen, sesshaft werden und in den meisten Fällen nicht wieder wegwollen.

Ein gutes Arbeitsklima und gute Arbeitsbedingungen schaffen

In der Untersuchung kommt deutlich zum Ausdruck, dass das Arbeitsklima sehr wichtig für die befragten Jungakademiker ist. Das kann in kleinen wie in größeren Unternehmen gleichermaßen ermöglicht werden. Die Einarbeitung an einem neuen Arbeitsplatz sollte nach der Vorstellung der jungen Menschen schrittweise und mittels Mentoring bzw. durch einen festen Ansprechpartner geschehen. Bei ihrer zukünftigen Tätigkeit wird von den Jungakademikern trotzdem eigenständiges Handeln gewünscht. Sie sind bereit, Verantwortung zu übernehmen, jedoch nicht abgekoppelt von einer Betreuung (zumindest am Anfang) und eines guten Coachings. Außerdem möchten sie in Teams arbeiten und hoffen, in einem breit gefächerten Tätigkeitsfeld eingesetzt zu werden.

Gesundheits- und Arbeitsschutz steht auf Platz 1 bei der Ausgestaltung des Arbeitsplatzes. Bei den Lebensprioritäten rangiert die Gesundheit ebenfalls weit vorn (auf Platz 2).

Der ausdrückliche Wunsch der Befragten nach einem unbefristeten Arbeitsverhältnis verwundert nicht, denn die Sicherheit des Arbeitsplatzes und damit die Möglichkeit einer verlässlichen Lebensplanung sind und bleiben für Arbeitnehmer sehr wichtig.

Die Jungakademiker wünschen sich eine gerechte Entlohnung, und zwar weniger im Sinne eines gleichen Einkommens in Ost und West, sondern eher als eine der Arbeitsleistung angemessene Bezahlung.

Zunehmend auf weiche Standortfaktoren achten

Die wichtigsten Standortfaktoren sind – für Studenten noch mehr als für Absolventen – eine gute Wohnsituation und die Verkehrsanbindung. Die befragten Absolventen legen zudem besonderen Wert auf Kultur- und Freizeiteinrichtungen. Sie sind vermutlich aus ihren Universitätsstädten reichhaltige Angebote gewohnt und wünschen sich diese auch an ihrem späteren Arbeitsort. Kinderbetreuungseinrichtungen spielen für Absolventen ebenfalls eine extrem wichtige Rolle. Die Berufsanfänger haben durch erste Berufserfahrungen bereits umfassendere Vorstellungen darüber, was als Ausgleich zur Arbeitswelt wichtig ist.

Das Image der Region bildet für die Befragten das Schlusslicht. Das ist ein gutes Zeichen für weniger bekannte Standorte, da sie mit Versorgungsangeboten, wie beispielsweise einer guten Kinderbetreuung punkten können. Kommunen und Unternehmen haben gemeinsam das Interesse, die Attraktivität ihrer Standorte zu erhöhen und sollten entsprechend zusammenarbeiten.

Zur Arbeitsplatzsuche gehört das Internet

Es werden viele Wege der Arbeitsplatzsuche genutzt, aber besonders häufig verwenden die jungen Menschen das Internet. Unternehmen sollten sich hierauf einstellen. Empfehlungen durch Bekannte sind nach wie vor wichtig und Initiativbewerbungen tragen ebenfalls zu recht guten Ergebnissen bei.

Wenn sie einmal weg sind, ist es schwer, die jungen Menschen zurückzuholen

Sehr viele der befragten Jungakademiker möchten weder längere Fahrzeiten als eine Stunde zur Arbeit auf sich nehmen noch wöchentlich pendeln. Das heißt, dass die jungen Menschen versuchen, dahin zu ziehen, wo sie Arbeitsmöglichkeiten erhalten. Die Folge ist, dass die jungen Menschen an ihrem Arbeitsort sesshaft werden, heiraten, ein Haus bauen, Kinder kriegen und nicht wieder wegwollen.

Die Mehrzahl der Studenten möchte in dem Bundesland, in dem sie die meiste Zeit verbracht haben oder in dem sie zurzeit studieren, später auch arbeiten und leben. Mit Arbeitsbeginn ändern sich die Antworten. Knapp die Hälfte der befragten Absolventen möchte dort leben, wo sie ihre Arbeit aufgenommen haben. Dieses Ergebnis zeigt sehr deutlich, dass Jungakademiker, wenn sie einen Arbeitsplatz gefunden haben, sehr schnell „Fuß fassen" und nicht nur in dem Unternehmen, sondern auch in der Stadt oder in dem Ort bleiben wollen.

Die Wünsche und Vorstellungen der befragten Studenten und Absolventen, die im Rahmen dieser Studie geäußert wurden, sollten sehr ernst genommen werden und für Unternehmen, die Fachkräfte suchen, richtungsweisend sein.

4 Methodisches Vorgehen

Die Stichprobe mit den für die Erhebung relevanten 1.885 Adressen von Studenten und 355 von Absolventen, die Mitglied des Verbandes angestellter Akademiker und leitender Angestellter der chemischen Industrie e.V. (VAA) sind, wurde vom Auftraggeber zur Verfügung gestellt. Es wurden 1.776 Studenten und 344 Absolventen des VAA per E-Mail durch das ZSH angeschrieben und darum gebeten, an der Online-Befragung teilzunehmen. Um möglichst viele Studenten und Absolventen für die Befragung zu gewinnen, wurde die geplante Studie bereits in den Monaten Juni und August 2011 im VAA-Magazin angekündigt sowie als Information im Newsletter des VAA per Email verschickt. Die kontaktierten Jungakademiker hatten vom Mitte August bis Ende September 2011 die Möglichkeit, online an der Befragung teilzunehmen.

Von den 1.776 angeschriebenen Studenten des VAA nahmen 482 an der Online-Erhebung teil, was einer Beteiligung von mehr als einem Viertel (27 Prozent) entspricht. Bei den Absolventen des VAA ist eine noch höhere Ausschöpfung zu verzeichnen gewesen: Hier beteiligte sich mit 126 Jungakademikern mehr als ein Drittel (37 Prozent) an der Erhebung. Die Anzahl der benötigten Interviews in der Studentenbefragung für repräsentative Aussagen wurde erreicht. Mit den 482 Interviews sind Aussagen bei einem maximalen Stichprobenfehler von fünf Prozent und einem Vertrauensintervall von 95 Prozent möglich. Da die zur Verfügung stehende Stichprobe bei den Absolventen kleiner war, können hier – trotz besserer Beteiligungsquote – mit den 126 Interviews nur Aussagen bei einem maximalen Stichprobenfehler von zehn Prozent und einem Vertrauensintervall von 95 Prozent getroffen werden. Die hohe Beteiligung spricht dafür, dass die Befragung vor dem Start gut im Berufsverband kommuniziert wurde, dass die Jungakademiker ein sehr hohes Interesse am Thema haben und ihre Meinung, ihre Vorstellungen und Wünsche dazu äußern wollten.

Die Beteiligung der Frauen und Männer an der Befragung spiegelt bei den Studenten die aktuelle Geschlechterverteilung fast identisch wider. Zurzeit sind 48 Prozent der Studierenden in den Fächern Chemie, Biochemie und Pharmazie (Bundesamt für Statistik 2012) Frauen. In der Befragung sind 45 Prozent der Probanden Frauen gewesen. Bei den Absolventen erhöht sich der Anteil der Frauen gegenüber den Beschäftigungszahlen. Es nahmen 44 Prozent Frauen teil, während sie nur 31 Prozent (Wiener 2011 a) des Beschäftigungsanteils ausmachen.

Die Verteilung der befragten Studenten nach Bundesländern entspricht den Anteilen der Studierenden in den Fachrichtungen Biochemie, Chemie und Pharmazie. Die Absolventen verteilen sich nach Bundesländern anteilig entsprechend der Beschäftigtenzahlen in der Chemieindustrie.

Literaturverzeichnis

Becker, S. & Kienle, A. 2008, 'Männer vereinbaren Beruf und Familie. Über die zunehmende Familienorientierung von Männern und Lösungsbeispiele für Arbeitgeber', In: berufundfamilie gGmbH (Hrsg.), *für die praxis*, Hertie-Stiftung, Frankfurt.

Black, D. A., Kolesnikova, N. & Taylor , L. J. 2011, 'Why do so few women work in New York (and so many in Minneapolis)? Labor Supply of married women across U.S. Cities', *Research Division Ferderal Reserve Bank of St. Louis, Working Paper Series, 2007-043G. October 2007*, Revised October 2011.

Böttcher, S. & Buchwald, C. 2011, 'Leitfaden für Unternehmen zur Förderung der Vereinbarkeit von Erwerbsarbeit und Pflege', *Forschungsberichte aus dem zsh 11-1*.

Böttcher, S. & Csongár, J. 2011, `Kinderbetreuung und Schichtarbeit. Unternehmensratgeber', *SCHICHT 02/2011*.

Bundesagentur für Arbeit (Hrsg.) 2011, *Normalarbeitsverhältnisse sind in Sachsen-Anhalt kein Auslaufmodell, aber sie verlieren an Gewicht,* Abrufdatum 22.11.2011, http://www.arbeitsagentur.de/nn_29402/Dienststellen/RD-SAT/RD-SAT/A01-Allgemein-Info/Presse/2011/40-Normalarbeitsverhaeltnisse-SA.html

Bundesamt für Statistik 2012, *Daten aus der Genesisdatenbank zur Verteilung der Studenten in Chemiestudiengängen und von Beschäftigten in Branchen der Chemie nach Bundesländern*, Abrufdatum 30.1.2012, https://www-genesis.destatis.de

Bundesinstitut für Berufsbildung (Hrsg.) 2011, *Datenreport zum Berufsbildungsbericht 2011. Informationen und Analysen zur Entwicklungen der beruflichen Bildung*, Bonn.

Deutsche Shell Holding GmbH (Hrsg.) 2010, *Jugend trotzt der Finanz- und Wirtschaftskrise. Pressemitteilung zur 16. Shell Jugendstudie vom 14. September 2010,* Abrufdatum 31.01.2012, http://www-static.shell.com/static/deu/downloads/aboutshell/ our_commitment/shell_youth_study/2010/youth_study_2010_press_release_140910.pdf

Föhr, S. 2011, *Karriereoptionen von Frauen in Deutschland - eine Bestandsaufnahme aus Betriebswirtschaftlicher Perspektive,* Abrufdatum 11.02.2012, http://www.uni-leipzig.de/~frages/uploads/media/Karriereoptionen_von_Frauen_Silvia_Foehr.pdf (Vortragspräsentation).

Gesellschaft Deutscher Chemiker e.V. (Hrsg.) 2011, *Chemiestudiengänge in Deutschland - Statistische Daten 2010. Eine Umfrage zu den Chemiestudiengängen an Universitäten und Fachhochschulen*, Frankfurt am Main.

Grün, D. & Hecht, H. 2007, *Generation Praktikum? Prekäre Beschäftigung von Hochschulabsolventinnen und –absolventen. Eine Studie des Arbeitsbereichs Absolventenforschung der FU Berlin im Auftrag der DGB-Jugend und der Hans-Böckler-Stiftung.*

Klenner, C. & Pfahl, S. 2008, 'Jenseits von Zeitnot und Karriereverzicht – Wege aus dem Arbeitszeitdilemma. Arbeitszeiten von Müttern, Vätern und Pflegenden und Umrisse eines Konzeptes', *WSI-Diskussionspapier Nr. 158, Januar 2008*, Wirtschafts- und Sozialwissenschaftliches Institut in der Hans-Böckler-Stiftung, Düsseldorf.

Lukanow-Arndt, K., Wiener, B. & Hosang, C. 2012, `Arbeitsmarkt der Zukunft – Fachkräftestudie Nordostchemie 2011', *Forschungsberichte aus dem zsh 02/2012.*

Mahler-Walter, K. & Lukoschat, H. 2011, 'Schlüsselfaktor F&E: Chemikerinnen in der industriellen Forschung und Entwicklung', In: VAA (Hrsg.): *Die Nachfahrinnen von Marie Curie*, Köln, S. 20-24.

Robert, J., Hodgson, R. & Dolan, P. 2009, 'It's driving her mad: gender differences in the effects of commuting on psychological well-being', *Sheffield Economic Research Paper Series. SERP Number 2009009. May 2009.*

Rump, J. & Eilers, S. 2011, *Megatrends und ihre Konsequenzen*, Abrufdatum 11.02.2012, http://www.ibe-ludwigshafen.de/images/stories/pdf/03_11_megatrends%20und%20ihre%20konsequenzen.pdf

Rump, J. 2011, *Zukunft von Arbeit und Freizeit,* Abrufdatum 10.02.2012, http://web.fh-ludwigshafen.de/ibe/index.nsf/de/zukunftvonarb

Rump, J., Eilers, S. & Wilms, G. 2011, *Strategie für die Zukunft - Lebensphasenorientierte Personalpolitik 2.0. Ein Leitfaden für Unternehmen zur Bindung und Gewinnung von Mitarbeiterinnen und Mitarbeitern*, Mainz.

Stutzer, A. & Frey, B. S. 2004, 'Stress That Doesn't Pay: The Commuting Paradox', *IZA Discussion. Paper Nr. 1278*, Institut für Empirische Wirtschaftsforschung, Universität Zürich, Forschungsinstitut zur Zukunft der Arbeit.

Wiener, B. 2011 b, 'Die Arbeitswelt wird weiblicher', *SCHICHT 01/2011.*

Wiener, B. 2011 a, `Nie mehr rausgehen – Frauen in der Chemie' In: Wiekert, I. & Winge, S. (Hrsg.), *Junges altes Sachsen-Anhalt. Ein Bundesland im Blick der Sozialforschung. Forschungsergebnisse aus dem ZSH*, Universitätsverlag Halle-Wittenberg.

Wiener, B. 2008, 'Demographische Turbulenzen führen von der Arbeitsplatz- zur Fachkräftelücke. Expertise im Auftrag der QFC GmbH', *QFC Beiträge 3/2008.*

Wiener, B.; Winge, S. (Hrsg.): Planen mit Weitblick. Herausforderungen für kleine Unternehmen, S. 13-20. Forschungsberichte aus dem ZSH 06-4.

Zu den Autorinnen

Christina Buchwald

Diplom-Soziologin; Fachschulstudium für Krankenpflege an der Medizinischen Fachschule "Dr. Salvador Allende" in Halle; Studium der Soziologie an der Martin-Luther-Universität Halle-Wittenberg; 2000 bis 2001 wissenschaftliche Mitarbeiterin am Institut für Strukturpolitik und Wirtschaftsförderung Halle-Leipzig e.V. (ISW); seit Juli 2001 wissenschaftliche Mitarbeiterin am Zentrum für Sozialforschung Halle e.V.

Ihr Arbeitsbereich umfasst insbesondere die Durchführung von computergestützten wissenschaftlichen Telefonumfragen (CATI), von Online-Erhebungen und die Durchführung von Mitarbeiterbefragungen. Weitere Arbeitsschwerpunkte sind Auswirkungen des demografischen Wandels auf das Fachkräfteangebot in Unternehmen sowie Themen zur Vereinbarkeit von Erwerbstätigkeit und Pflegeverantwortung.

Bettina Wiener

Diplom-Soziologin; Studium der Soziologie an der Martin-Luther-Universität Halle-Wittenberg; 1992 bis 1995 wissenschaftliche Mitarbeiterin am Institut für Soziologie der Martin-Luther-Universität Halle-Wittenberg; freiberufliche Tätigkeit in verschiedenen Projekten zum ostdeutschen Transformationsprozess; seit 1995 im Auftrag der Landesregierung Organisation, Betreuung und Aktivierung des Netzwerkes zu den Arbeitsmarktdaten Sachsen-Anhalt; seit 1997 wissenschaftliche Mitarbeiterin am Zentrum für Sozialforschung Halle e.V.; seit 2002 Geschäftsführerin des Zentrums für Sozialforschung Halle e.V.

Ihre Arbeitsschwerpunkte und Forschungsinteressen waren bzw. sind Arbeitsmarkt und berufliche Bildung sowie Personal- und Organisationsentwicklung vor allem in kleinen und mittleren Unternehmen. Einen Teil ihrer Arbeit konzentriert sie seit längerem auf die Fachkräfteentwicklung besonders in der Chemie und in der Landwirtschaft. Aktuelle Schwerpunkte ihrer Forschungsinteressen sind die Rolle der Frau in männerdominierten Branchen und die Vereinbarkeit von Beruflichem (besonders Schichtarbeit) und Privatem für Männer und Frauen.